Mit **Volldampf** auf die **Berge**

Christian Jummrich

MIT **VOLLDAMPF** AUF DIE **BERGE**

Europas Zahnraddampfloks auf den faszinierendsten Strecken

Lok 4 der Achenseebahn schiebt am 2.10.2014 ihren Zug durch den Wald vor Eben bergwärts.
Foto: Christian Jummrich

INHALT

Einleitung	5
1. Technik	6

Zahnradbahnen mit Dampflokeinsätzen

2. Griechenland	10
3. Großbritannien	16
4. Österreich	22
5. Exkurs: Die SLM-Neubaudampfloks für Österreich und die Schweiz	40

Zahnradbahnen mit Dampflokeinsätzen

6. Schweiz	48
7. Slowakei	86
8. Weitere erhaltene Zahnraddampflokomotiven	90

Tabellen

9. Zahnradbahnen mit Dampflokeinsatz in Europa	122
10. Erhaltene Zahnraddampflokomotiven in Europa	123
Abkürzungsverzeichnis	126
Quellen	127

Einleitung

Sommer 2022, ich stehe auf einem Wanderweg mitten im Wald unterhalb des kleinen Ortes Eben in Tirol. Mitten in die beschaulichen Geräusche der Natur mischt sich ein leises Grollen, welches bald lauter und lauter wird. Die langsamen Auspuffschläge einer kleinen Dampflok werden immer deutlicher und nachdem man sie schon einige Minuten gehört hat, sieht man sie um die Kurve kommen, ihre zwei kleinen rotweißen Wagen bergauf schiebend. Gutgelaunte Urlauber winken und staunen über die Eisenbahnfans mitten im Wald mit ihren Kameras. Nachdem der Zug nicht mehr zu sehen ist, hört man ihn noch eine Weile, bevor die Pfiffe aus der Dampfpfeife davon künden, dass der Zug den Bahnübergang vor der Einfahrweiche des Kreuzungsbahnhofs Eben und damit das Ende des Zahnstangenabschnitts erreicht hat …

Zahnradbahnen üben seit jeher eine große Faszination aus. Die meisten Besucher erfreuen sich an den spektakulären Streckenführungen und tollen Aussichten, aber auch die ingenieurtechnischen Leistungen bei Bau und Betrieb solcher Strecken sind bemerkenswert. Die erste Zahnradbahn geht auf den Engländer John Blenkinsop zurück, der eine seitliche Zahnstange neben den Schienen zum generellen Antrieb der Lok entwarf und 1812 bei der Kohlebahn Middleton – Leeds anwandte. Auch wenn es noch weitere solcher technischen Lösungen bei Industriebahnen gab, bei den entstehenden Eisenbahnen setzte sich schnell der Adhäsionsbetrieb durch. Die Idee der Zahnradbahn griff man erst wieder zur Eroberung der Berge auf: Sylvester Marsh wollte eine Zahnradbahn auf den Mount Washington in den USA erbauen. Die Idee dazu hatte er bereits 1852, eröffnet wurde die Strecke am 1. August 1869. Europa bekam seine erste Zahnradbahn mit der Vitznau-Rigi-Bahn (VRB) in der Schweiz, die 1871 zum Geburtstag von Niklaus Riggenbach am 21. Mai eingeweiht wurde. Lange Jahre wurde als erste Zahnradbahn Europas die Steinbruchbahn in Ostermundigen bei Bern gehandelt. Diese wurde angeblich schon 1870 ebenfalls durch Riggenbach fertiggestellt, die offizielle Eröffnung jedoch zu Gunsten der VRB aus Marketinggründen verschoben. Historische Dokumente widerlegen diese Behauptung inzwischen. Die Werksbahn ging wohl tatsächlich erst Ende 1871 in Betrieb und das Vordatieren des Baus hatte lizenzrechtliche Gründe.

Nach der Eröffnung der Rigi-Bahn wurden zahlreiche weitere Zahnradbahnen erbaut (weltweit ca. 280). Mit den Fortschritten in der Bahntechnik hinsichtlich Zugkraft und Bremsen konnten ab den 1920er-Jahren viele Zahnradstrecken auf einen weniger aufwendigen Adhäsionsbetrieb umgestellt werden. Die ein oder andere Bahn verschwand zudem aus wirtschaftlichen Gründen. Auch wenn sich die Reihen gelichtet haben, etliche Zahnradbahnen (knapp 60 weltweit) sind erhalten geblieben, viele zu touristischen Ausflugszielen, einige aber auch in den modernen öffentlichen Personennahverkehr integriert.

Das Erlebnis schwer arbeitender Dampflokomotiven ist hingegen selten geworden, doch ist es auch 2024 an einigen Orten in Europa immer noch möglich. Dieses Buch soll ein kleiner Reiseführer und eine Motivation zugleich sein, die Bahnen zu besuchen und mit Volldampf Zahn um Zahn bergauf zu klettern. Bevor die einzelnen Bahnen nach Ländern geordnet vorgestellt werden, soll im ersten Kapitel ein kurzer Überblick zur Technik bei Zahnradbahnen gegeben werden. In Kapitel 8 gibt es Erläuterungen zu den weiteren in Europa erhaltenen Zahnraddampflokomotiven, die heute nicht mehr im Einsatz sind. Zwei Tabellen über die Zahnradbahnen mit Dampflokeinsätzen sowie eine Auflistung aller erhaltenen Zahnraddampfloks nebst den wichtigsten Daten folgen am Ende. Das Buch kann jedoch keinen umfassenden Überblick über alle Zahnraddampfloks im Detail geben. Genauso gibt es über jede einzelne Bahn selbst reichlich Geschichte(n) zu erzählen. Hierfür sind die interessierten Leserinnen und Leser auf die weiterführende Literatur verwiesen.

Ich danke allen, die zur Entstehung dieses Buches beigetragen haben. An erster Stelle ist dies vor allem meine Frau Anke, die mir den Freiraum für mein Hobby und solche Recherchen gibt. Sie und mein Vater Thomas waren auch über das Korrekturlesen des Skriptes beteiligt. Darüber hinaus bedanke ich mich bei Herrn Andreas Ritz, Frau Anneli Nau sowie weiteren Mitarbeiterinnen und Mitarbeitern des GeraMond-Verlages für die tolle Betreuung und Unterstützung bei diesem Projekt. Außerdem danke ich Ester Bucher vom Salzburger Freilichtmuseum, Viviana Carfi von der Ferrovia Monte Generoso SA, Carrie Druce von der Snowdon Mountain Railway, Guus Ferree, Werner Hardmeier, Tobias Höltge, Thomas Kautzor, Hansueli Kneuss von der EUROVAPOR, Andreas Knipping, Matthias Koch, Selina Koch von der RIGI BAHNEN AG, Dietmar Kramer, Artemios Klonos, Thomas Küstner, Alfred Luft, Beat Moser von der Dampfbahn Furka-Bergstrecke AG, Johannes Roller, Patrick Rudin, Dipl.-Ing. Josef Seng, Thomas Stutz, Marco Thali von der PILATUS-BAHNEN AG, Georg Trüb, Michael Ulbricht sowie James Waite, dass sie das Werk mit ihren brillanten Fotos aus ihrem eigenen Schaffen bzw. ihren Archiven und Sammlungen sowie mit Informationen unterstützt haben.

Nun wünsche ich Ihnen viel Freude beim Lesen und hoffentlich viele Inspirationen für den nächsten Urlaub oder Ausflug mit Volldampf auf die Gipfel.

Leipzig, den 4. Februar 2024
Christian Jummrich

1. Technik

Der Gedanke zum Bau von Zahnradlokomotiven entstammt den Überlegungen zu den Grenzen der Kraftübertragung zwischen Rad und Schiene bei starken Steigungen. Größere Zugkräfte ließen sich mit herkömmlichem Adhäsionsantrieb nur bei einer Erhöhung der Dienstmasse der Lokomotiven auf die Schiene bringen, wobei hier natürlich technische Grenzen (Achslast, Bogenlauf der Fahrzeuge bei größeren Achsanzahlen und Achsständen, Dienstgewicht der Lok, welches ebenfalls mit über den Berg gebracht werden muss, Fahrzeuglichtraumprofil etc.) gesetzt sind. Bei der Zahnradbahn hingegen wird die Kraft mechanisch zwischen Zahnrad und Zahnstange und nicht mehr durch den Reibschluss der Räder übertragen. Ein gewisses Lokgewicht ist dennoch vonnöten, um ein Aufklettern des Zahnrades in der Zahnstange zu verhindern.

Bei den Zahnstangen gibt es verschiedene, nach den jeweiligen Erfindern benannte Systeme; die wesentlichsten sind die vier folgenden:

- **System Riggenbach**: Ingenieur Niklaus Riggenbach (1817 – 1899) ließ sich 1863 seine Idee einer Leiterzahnstange patentieren und wandte dieses das erste Mal bei der 1871 eröffneten VRB auf die Rigi an. Bei diesem System befinden sich zwischen zwei U-Profilen Sprossen, in welche die Zähne der Zahnräder eingreifen. Das System wurde später von verschiedenen Ingenieuren weiterentwickelt und in Details abgewandelt.

Schaustück zum System Riggenbach im Bahnhofsbereich von Jenbach. Foto: Christian Jummrich

- **System Abt**: Carl Roman Abt (1850 – 1933) entwickelte 1882 eine Lamellenzahnstange, bei der zwei oder drei zueinander versetzt parallele Zahnstangen mit nach oben zeigenden Zähnen nebeneinander verlegt werden. Die erste Anwendung erfolgte auf der bis 1886 eröffneten Harzbahn der Halberstadt-Blankenburger Eisenbahn, heute besser als „Rübelandbahn" bekannt. Das Abtsche System ist das am weitesten verbreitete der Welt. Darüber hinaus leitete Carl Roman Abt persönlich den Bau von 72 Bergbahnen und machte weitere technische Erfindungen rund um diese wie die Abtsche Weiche.

Schaustück zum System Abt in Vordernberg. Foto: Christian Jummrich

- **System Strub**: Emil Viktor Strub (1858 – 1909) entwickelte 1896 für den Wettbewerb der Jungfraubahn das Riggenbachsche System weiter zur Stufenzahnstange, wobei die Zahnteilung die gleiche ist, so dass beide Systeme kombinierbar sind. Die Zähne sind in eine Schiene eingefräst, die Herstellung war zwar teurer, Verlegung und Unterhalt aber günstiger, was das System Strub insgesamt preiswerter als die von Riggenbach und Abt machte.

Schaustück zum System Strub. Foto: M. Gieger, Eigenes Werk, 2008, CC BY-SA 2.5 ch,
https://commons.wikimedia.org/wiki/File:20080927Y540_Strub.jpg

*Triebwerk einer Lok der Reihe Z der Schneebergbahn als Beispiel für den reinen Zahnradantrieb.
Foto: Christian Jummrich*

- **System Locher**: Eduard Locher (1840 – 1910) war Ingenieur, Erfinder sowie Unternehmer und entwickelte zum Bau der besonders steilen Pilatusbahn ein eigenes Zahnradsystem. Zwei Zahnräder greifen dabei seitlich in die Zähne einer wie eine Fischgräte aussehenden Zahnstange. Unterhalb der Zahnräder sorgen Spurscheiben, die bis an das Profil der Zahnstange und unter die Zähne reichen, für die Führung des Fahrzeuges und verhindern gleichzeitig ein Aufklettern. Besonderheit bei diesem System ist, dass es nicht möglich ist, konventionelle Eisenbahnweichen zu verwenden, weswegen es Schiebebühnen und Gleiswender an den Stationen und im Depot gibt. Das System wird bisher nur bei der Pilatusbahn genutzt.

Weitere Systeme sind zum Beispiel das von Sylvester Marsh (Leiterzahnstange), die Weiterentwicklungen des Systems Riggenbach zu Riggenbach-Pauli (von Arnold Pauli) sowie Riggenbach-Klose (von Adolf Klose), das System Morgan (bei dem Edmund C. Morgan eine dem Riggenbachschen System verwandte Zahnstange für die Stromversorgung der Triebfahrzeuge nutzte), das System Von Roll, das System Peter und noch weitere. Letztlich gehen aber alle Systeme prinzipiell auf die oben vorgestellten vier Grundarten zurück oder sind Weiterentwicklungen von diesen.

Neben der Zahnstange und passenden Zahnrädern brauchte es spezielle Antriebe bei den Dampflokomotiven (später natürlich auch bei den Diesel- und Elektrotriebfahrzeugen, die aber nicht Thema dieses Buches sein sollen). Verschiedene Unternehmen fertigten Zahnraddampflokomotiven, das bedeutendste war die Schweizerische Lokomotiv- und Maschinenfabrik (SLM) in Winterthur, gefolgt von der Wiener Lokomotivfabrik Floridsdorf (WLF), welche die Patentrechte für das System Abt in Österreich-Ungarn hatte. Dritte bekannte Firma war die Maschinen-

Schaustück zum System Locher. Foto: R. R. Zumbühl, Wikimedia-Bilder mit GFDL-Lizenz, CC BY-SA 3.0,
https://commons.wikimedia.org/w/index.php?curid=61016776

*Triebwerk einer Lok der Achenseebahn als Beispiel für den gemischten Zahnrad- und Adhäsionsbetrieb.
Foto: Christian Jummrich*

fabrik Esslingen. Die letzte gebaute Dampflok dieses Unternehmens war im Oktober 1966 eine Zahnradlokomotive (Lok E 10.60 für die indonesische West Sumatra Coal Railway, erhalten im Eisenbahnmuseum von Sawahlunto).

Grundsätzlich wird unterschieden zwischen reinen Zahnradbahnen und Bahnen des gemischten Adhäsions- und Zahnradbetriebes. Bei den **reinen Zahnradbahnen** sind alle Gleise mit Zahnstangen ausgerüstet und der Antrieb der Lokomotive erfolgt nur über die Zahnräder. Hier gibt es verschiedene Antriebsanordnungen. Bei den ersten Konstruktionen nach Riggenbach befand sich das Triebzahnrad lose auf der hinteren Achse oder einfach in der Mitte im Lokrahmen gelagert und wurde über eine Blindwelle sowie ein Vorgelege/eine Übersetzung angetrieben. Beispiel hierfür sind die H 1/2 der Vitznau-Rigi-Bahn aus dem Jahre 1870/73 oder der Arth-Rigi-Bahn aus dem Jahre 1875. Weiter verbreitet war allerdings die Abtsche Konstruktion: Seine Lokomotiven haben zwei Triebzahnräder, die fest auf den Achswellen montiert sind. Die normalen Räder der Lok sind als Laufräder nicht fest mit der Achse verbunden und dienen als Stützräder sowie zur Führung auf den Schienen.

Außerdem gibt es noch eine dritte Achse, ausgeführt als Bissel-Achse. Die Zylinder (System Brown) liegen über dem Außenrahmen. Die Kraftübertragung erfolgt über einen Balancier (Schwinghebel) auf das Antriebsgestänge. Beispiele für diese Konstruktion sind die Loks der Reihe Z von Schafberg- und Schneebergbahn oder die alten H 2/3 Typ 1 der Bahnen auf das Rothorn oder den Monte Generoso.

Nachteil von reinen Zahnradlokomotiven ist die geringe erreichbare Geschwindigkeit. Da lag es nahe, Lokomotiven für den **gemischten Adhäsions- und Zahnradbetrieb** zu konstruieren. Diese konnten auf den flacheren Streckenabschnitten höhere Geschwindigkeiten ausfahren. Bei Lokomotiven für den kombinierten Betrieb gibt es zwei Wege des Antriebes. Insbesondere die kleineren und älteren Lokomotiven wurden wie konventionelle Dampflokomotiven über Kuppelachsen und Kuppelstangen angetrieben. Das Zahnrad läuft parallel dazu mit, im Adhäsionsabschnitt dann natürlich leer. Ein Beispiel hierfür ist die Lok „Gnom" aus dem Jahre 1871. Einige Lokomotiven haben auch ein zwischengeschaltetes Zahnradgetriebe/eine Übersetzung, wodurch bei einer höheren Geschwindigkeit der Kolben die

Der alte Zylinderblock der HG 4/4 Nr. 704 der Dampfbahn Furka-Bergstrecke steht als Teil des Antriebssystems Winterthur ausgestellt im Bahnhof Realp. Foto: Christian Jummrich

Zylinderabmessungen verringert werden konnten. Beispiel hierfür sind die Loks der Achenseebahn.

Viele der späteren und größeren ab zirka 1886 gebauten Lokomotiven haben getrennte Triebwerke für den Adhäsions-/Zahnradbetrieb. Das Zahnradtriebwerk kann separat bedient/zugeschaltet werden. Die beiden äußeren Zylinder wirken über Stangen auf die Kuppelachsen und sind für den Adhäsionsantrieb zuständig. Die beiden inneren Zylinder wirken auf die Antriebszahnräder, die in einem so genannten Zahnradwagen gelagert werden. Für beide Zylindergruppen gibt es auf dem Führerstand oft separate Regler. Klassisches Beispiel sind die Lokomotiven der Reihe 97 der steirischen Erzbergbahn nach dem Antriebssystem Abt. Von der SLM wurde das Antriebssystem Winterthur perfektioniert. Dieses System erlaubt ebenfalls getrennte Antriebe, die aber beide außerhalb des Rahmens angeordnet und gut zugänglich sind. Das untere Zylinderpaar wird für den Adhäsionsantrieb genutzt und im Normalbetrieb arbeitet die Lok mit einfacher Dampfdehnung. Wird der Zahnradantrieb zugeschaltet (über einen Umschalthahn zwischen Hoch- und Niederdruckzylinder), wird das darüber liegende Niederdruckzylinderpaar aktiv und treibt über ein Vorgelege das Zahnradtriebwerk an. Die Maschine arbeitet von nun an sogar als Verbundlokomotive. Das Antriebssystem Winterthur war weit verbreitet und fand beispielsweise Anwendung bei den HG 3/3 der Brünigbahn aus dem Jahre 1905 oder den HG 4/4 aus dem Jahre 1923/24 für eine Bahn im heutigen Vietnam. Auch die Maschinenfabrik Esslingen verwendete dieses Prinzip zum Beispiel bei der Baureihe 97.5 für die Zahnradbahn Honau – Lichtenstein.

Zwei weitere Dinge zeichnen Zahnradbahnen und deren Dampflokomotiven oft aus (aber nicht immer): Die Kessel einiger Lokomotiven sind geneigt. Ziel dieser Konstruktion ist es, dass der Kessel in der größten Steigung, in der die höchste Lokomotivleistung erforderlich ist, möglichst waagerecht liegt. Zudem schiebt die Lokomotive oft die Wagen den Zahnstangenabschnitt bergauf. Die Zug- und Stoßeinrichtungen zwischen Lok und Wagen werden so vor Überlastung und im schlimmsten Falle vor dem Bruch geschützt. Dabei ist die Spitze des Zuges mit einem Betriebseisenbahner besetzt.

Zahnradbahnen mit Dampflokeinsätzen
2. Griechenland

Odontotos-Zahnradbahn

In Griechenland verkehrt auf der Halbinsel Peloponnes seit 1896 von Diakopto (10 m ü. M.) nach Kalavrita (712 m. ü. M.) die Odontotos-Zahnradbahn, eine 22,35 Kilometer lange 750-mm-Schmalspurbahn, bei der drei Abschnitte (insgesamt 3,8 km) mit Zahnstange nach dem System Abt ausgestattet sind. Ausgangspunkt der Bahn ist Diakopto im Norden der Halbinsel, rund 140 Kilometer von Athen entfernt. Hier bestand einst Anschluss zum Meterspurbahnnetz auf dem Peloponnes. Seit 2020 ist eine zweigleisige Neubaustrecke in Normalspur bis Egio in Betrieb und der Ort wieder auf der Schiene erreichbar. Die Schmalspurbahn passiert nach der Abfahrt am Schmalspurbahnsteig das Depot auf der rechten Seite und fährt nach einem Rechtsbogen auf die Berge zu. Kurze Zeit später taucht der Zug in die Vouraikos-Schlucht ein. Hier bietet sich den Reisenden und auch den Wanderern auf dem Europäischen Hauptwanderweg E4 eine spektakuläre Bahnarchitektur. 49 Brücken, sechs Tunnel und 4.000 Meter Stützwand sind errichtet worden. Teilweise führt die Bahn direkt am Abgrund und unter überhängenden Felsen entlang. Der erste Zahnstangenabschnitt liegt hinter dem Bahnhof Niamata zwischen den Kilometern 5,8 und 8,1. Hinter dem Bahnhof Triklia beginnt der zweite und mit 145 ‰ steilste Zahnstangenabschnitt, welcher bis zum Kilometer 10,2 reicht. Ein letzter kurzer Zahnstangenabschnitt liegt zwischen den Kilometern 11,0 und 11,2. Nun folgen noch die Stationen Zachlorou-Mega Spileo und Kerpini, die ebenfalls Ausweichgleise besitzen. Die letzten Kilometer bis Kalavrita wird das Tal dann wieder weiter und die Streckenführung weniger steigungsreich.

Die Bahn sollte ursprünglich Teil einer Verbindung bis nach Tripolis sein. Die Konstruktionsarbeiten begannen 1889. Als man 1892 mit dem eigentlichen Bau des ersten Abschnittes bis Kalavrita begann, für den nur zehn Monate eingeplant waren, stellte man schnell fest, dass Budget und Zeitplan auf Grund der anspruchsvollen Topografie nicht zu halten waren. Erst nach vier Jahren konnte 1896 der Betrieb aufgenommen werden, der Weiterbau war allerdings vom Tisch. Betrieben wurde die Bahn von der Sidirodromi Pireos-Athinon-Peleponnissou (SPAP), bis diese 1954 verstaatlicht wurde und 1962 in der Griechischen Staatsbahn aufging. Obwohl die Einstellung des Betriebes immer wieder im Raum stand, wurde die Strecke zwischen 2003 und 2009 grundlegend für rund 40 Mio. € saniert. Für den Betrieb ist heute die private Gesellschaft Hellenic Trains verantwortlich, Infrastruktur und Züge gehören weiterhin zur staatlichen Organismos Sidirodromon Ellados (OSE).

Die Bahn wird regulär mit vier 2009 von Stadler gebauten Triebzügen bedient (weitere Informationen: www.odontotos.com/index-en.htm). An dieser Stelle sollen aber die noch vorhandenen Dampfloks der Bahn Erwähnung finden: Die französische Firma Société J.F. Cail & Cie lieferte 1891 drei und 1899 eine vierte Nassdampflok. Die 32 t schweren Maschinen der Bauart Czz1' n2(4)t besitzen zwei, in einem Innenrahmen im Zahnradwagen gelagerte Zahnräder. Angetrieben werden sie über Umlenkhebel, Kuppelstangen und Hallsche Kurbeln von zwei darüber liegenden Zylindern, die unter dem Kessel in etwa in Höhe der mittleren Treibachse angeordnet sind. Zwei Außenzylinder sorgen für den herkömmlichen Adhäsionsantrieb der Lok. Eine fünfte Maschine nach den Originalplänen wurde 1925 von der deutschen Firma Krupp als Heißdampflok gebaut, eine sechste 1954 von der Piraeus-, Athen- und Peloponnes-Bahngesellschaft in der eigenen Werkstatt in Piräus unter Nutzung vorhandener Ersatzteile. Die Loks wurden als ΔK 1 bis 5 sowie ΔK 11 geführt und 1962 in ΔK-8001 bis 8005 bzw. ΔK-8011 umgezeichnet. Bei Lok Nummer 11 handelt es sich um die Heißdampflok von Krupp.

Rechts: ΔK-8001 kam in den 1990er-Jahren noch auf der Gesamtstrecke vor Sonderzügen zum Einsatz. Mit dem Triebwagenbeiwagen 3002 von Billard ist sie am 16.12.1997 in einem der Zahnstangenabschnitte hinter Triklia auf Bergfahrt. Foto: Artemios Klonos

Streckenverlauf der Schmalspurbahn von Diakopto nach Kalavrita. Karte: Anneli Nau

Lok 2 hält am 31.7.1959 in Kerpini. Man beachte auch die Waren, die neben dem Gleis schon zum Verladen bereitstehen. Schmalspurromantik in Griechenland aus einer Zeit, als die Eisenbahn noch Lebensader einer jeden Region gewesen ist. Foto: Alfred Luft

ΔK-8001 als Vertreterin der ältesten Fahrzeuggeneration und der Triebzug 3110 von Stadler als modernstes Fahrzeug sind am 12.5.2015 in Kalavrita zu sehen. Die Dampflok unternimmt erste Probefahrten im Bahnhofsbereich im Rahmen der Aufarbeitung. Foto: Artemios Klonos

Zwischen 1957 und 1967 wurden schrittweise neue Triebwagen angeschafft. Dazu baute die französische Firma Établissements Billard ab 1957 drei elektrische Triebwagen. Diese verkehrten mit einem der zwei zugehörigen Steuerwagen sowie einem zweiachsigen Generatorwagen dazwischen für die Stromerzeugung, da die geplante Elektrifizierung der Strecke aus finanziellen Gründen nie umgesetzt wurde. Mit der Lieferung dreier weiterer Einheiten, nun von Decauville und in etwas stärkerer Ausführung im Jahre 1967, konnten die Zahnraddampfloks vollständig abgelöst und abgestellt werden.

Alle sechs Maschinen blieben erhalten. Lok ΔK-8001 war von 1996 bis 2006 betriebsfähig und konnte zum 120-jährigen Bestehen der Bahn 2016 zusammen mit dem Reise-

Der Endpunkt ist erreicht, Lok 2 steht am 31.7.1959 vor dem Bahnhofsgebäude in Kalavrita und Maschine sowie Personal haben sich eine Pause verdient. Foto: Alfred Luft

Zum 120. Streckengeburtstag am 5.11.2016 wurde ΔK-8001 wieder in Betrieb genommen. Einen Tag vor dem Festakt gab es am 4.11.2016 noch einmal letzte Probefahrten. In herbstlicher griechischer Landschaft ist die Maschine mit einem Reisezugwagen unterwegs von Kerpini nach Kalavrita. Foto: James Waite

zugwagen ΔK-131 erneut aufgearbeitet werden. Sie ist in Kalavrita stationiert, kommt aber seit 2016 leider nicht regelmäßig, sondern nur für einzelne (sehr seltene bestellte) Fahrten und bisher auch nur auf dem Adhäsionsabschnitt zwischen Kalavrita und Kerpini zum Einsatz. Aktuell sind keine geplanten Einsätze bekannt. Lok ΔK-8003 steht in der Nähe des Bahnhofs Diakopto als Denkmal aufgestellt. ΔK-8004 war im Eisenbahnmuseum in Athen zu sehen. 2019 ist das Museum mit den Fahrzeugen nach Piräus in die 2005 geschlossenen OSE-Werkstätten in der Nähe der Station Lefka umgezogen.

Die anderen drei Maschinen (ΔK-8002, 005 und 006) stehen im Freien im Bahnhof von Diakopto durch einen Zaun vor Vandalismus geschützt abgestellt.

ΔK-8004 erinnerte im Athener Eisenbahnmuseum (inzwischen neuer Standort in Piräus) an den Dampflokeinsatz auf der Strecke von Diakopto nach Kalavrita. Foto: James Waite

Zahnradbahnen mit Dampflokeinsätzen
3. Großbritannien

Snowdon Mountain Railway

Die Snowdon Mountain Railway (SMR) ist eine 7,6 Kilometer lange Zahnradbahn im Norden von Wales nach dem System Abt mit einer Spurweite von 800 Millimetern und die einzige Zahnradbahn in Großbritannien. Sie fährt seit 1897 von Llanberis (108 m ü. M.) mit einer Maximalsteigung von 182 ‰ bis zur Summit Station (1065 m ü. M.) auf dem Mount Snowdon (1085 m) durch eine schroffe Berglandschaft, oft auch mit spektakulärem Blick in die Abgründe neben der Bahn. Der Mount Snowdon in der Grafschaft Gwynedd ist der höchste Berg in Wales. Im Englischen bedeutet der Name Schneeberg, auf Walisisch heißt er Yr Wyddfa („das Grab" bzw. „die Gruft"). Berühmtester Bezwinger des Mount Snowdon war der neuseeländische Bergsteiger Edmund Hillary, welcher im Rahmen einer von John Hunt geführten Expedition 1953 als erster Mensch auf den Mount Everest gelangte. Auf die Expedition bereitete sich die Gruppe im Winter 1952/1953 mit Trainingseinheiten am Snowdon-Massiv vor.

Der Bahnbau begann im Dezember 1894. Am 4. April 1896 sollte die Strecke eröffnet werden. Jedoch ereignete sich bereits am Eröffnungstag ein schwerer Unfall, bei dem Lok 1 entgleiste und einen Berghang hinabstürzte. Ein weiterer Zug fuhr in die Unfallstelle. Nach Umbauten und zusätzlichen Sicherheitsvorkehrungen konnte die Strecke am 9. April 1897 in Betrieb genommen werden.

*Streckenverlauf der Snowdon Mountain Railway.
Karte: Anneli Nau*

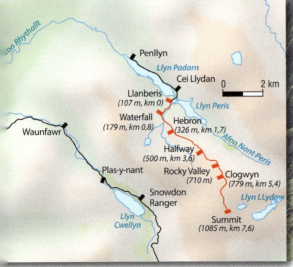

Lok 6 schiebt einen Zug die letzte Etappe zum Gipfel hinauf und passiert dabei den Abgrund nicht weit von der Bahn entfernt. Spektakuläre Ausblicke aus dem Zug sind garantiert. Foto: Carrie Druce (SMR Marketing Manager)

Depot-Ansicht in Llanberis im Abendlicht des 12.9.2018 mit gleich vier der Dampfloks im Bild.

Links oben: Lok 5 „Moel Siabod" steht am 12.9.2018 auf dem Gipfelbahnhof des Mount Snowdon zur Rückfahrt bereit. Fotos: Christian Jummrich

Links unten: Lok 5 schiebt am Vormittag des 12.7.2017 ihren Vorstellwagen über eine kleine Brücke bei Llanberis bergwärts. Foto: Tobias Höltge

Am Talbahnhof Llanberis befinden sich Verwaltung, Souvenirshops und das Depot. Nur einen kurzen Fußweg entfernt gibt es mit der Llanberis Lake Railway noch eine weitere Museumsbahn. Nach einem flachen Streckenabschnitt beginnt die starke Steigung. Bereits am Rande von Llanberis wird die ehemalige Waterfall Station (180 m ü. M.) passiert. Es folgen Hebron Station (326 m ü. M.) und Halfway Station (500 m ü. M.). Diese sind nicht mehr mit Bahnpersonal besetzt und nur Betriebsbahnhöfe. Die vierte Station, Rocky Valley Halt (710 m ü. M.), wird als Endstation genutzt, wenn die Züge wegen schlechten Witterungsbedingungen nicht auf den Gipfel fahren dürfen. Hierfür ist ein Bahnsteig vorhanden, jedoch kein Kreuzungsgleis. Es folgt ein längerer Abschnitt, in dem die Bahn auf einem schmalen Bergrücken mit spektakulären Aussichten weiter ansteigt, bis die nächste Station, Clogwyn Halt (779 m ü. M.), und schließlich die Bergstation (Summit Station, 1065 m ü. M.) erreicht wird. Die Fahrzeit beträgt rund eine Stunde. Oben angekommen kann man die letzten Höhenmeter bis zum Gipfel laufen und die tolle Aussicht genießen. Das machen jedes Jahr rund 650.000 Wanderer sowie die 140.000 Passagiere der Zahnradbahn. Einen kurzen Besuch sollte man auch im Besucherzentrum einplanen, welches im Rahmen des Neubaus der Bergstation 2006 bis 2009 errichtet wurde und sogar einen Preis des Royal Institute of British Architects gewonnen hat.

Für die Snowdon Mountain Railway wurden von der SLM 1895 und 1896 fünf Zahnraddampfloks der Bauart 2zz1' n2t gebaut und als Nr. 1 bis 5 bezeichnet. 1922 und 1923 folgten drei weitere als Nr. 6 bis 8 vom selben Hersteller, allerdings in Heißdampfausführung und mit geändertem Design. Während Lok 1 nach dem Unfall 1896 verschrottet werden musste, sind alle anderen Loks der Baujahre 1895 und 1896 noch vorhanden und Nr. 3 sowie 5 betriebsfähig. Von den später gebauten Loks ist nur Nr. 6 im Einsatz. Die Loks 7 und 8 benötigen Ersatzkessel, sind deswegen seit 1990 bzw. 1992 abgestellt und auswärts eingelagert.

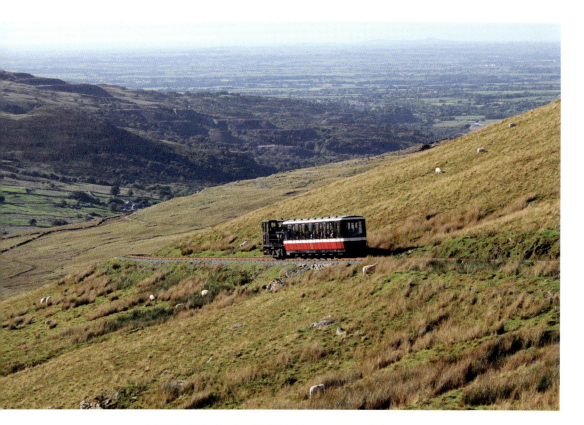

20　GROSSBRITANNIEN

Lok 5 ist am 12.7.2017 kurz vor der Gipfelstation unterwegs. Foto: Tobias Höltge

Links oben: Am späten Nachmittag des 12.9.2018 ist der letzte Dieselzug auf Bergfahrt. Davon lassen sich die zahlreichen Schafe jedoch nicht stören. Foto: Christian Jummrich

Links unten: Die Loks Nr. 6 „Padarn" und 4 „Snowdon" stehen Ende März 2013 konserviert abgestellt in Llanberis und warten auf den Start der neuen Saison. Gut ist der optische Unterschied zwischen den Loks der Anfangsausstattung und den 1922/23 nachgelieferten Heißdampfmaschinen zu sehen.

Die Hauptlast des Verkehrs tragen heute modernere Triebfahrzeuge: Zur Rationalisierung des teuren Dampfbetriebes wurden 1986 zwei zweiachsige Zahnraddiesselloks von der Firma Hunslet aus Leeds gebaut. Sie sind mit einem Sechs-Zylinder-Motor ausgestattet, der 320 PS/238 kW leisten kann. Die Kraftübertragung erfolgt hydraulisch auf die Antriebswelle, die über Stangen mit den beiden Achsen verbunden ist. Zwei weitere Maschinen folgten 1991/1992 aus dem gleichen Hause, dass nun als Hunslet-Barclay firmierte. 2013 wurden für die Dieselzüge zudem moderne Vorstellwagen mit den Nummern 14 bis 17 gebaut. Drei Dieseltriebwagen (HPE Tredegar, Baujahr 1995) hatten sich hingegen nicht bewährt, wurden Anfang der 2000er-Jahre bereits wieder abgestellt und 2010 verschrottet. Seit Sommer 2020 gibt es mit den Nummern 14 und 15 neue Hybridlokomotiven, die zwei der alten Dieselloks ersetzen und jeweils rund 98 Prozent der Emissionen im Vergleich zu den alten Fahrzeugen einsparen. Die Loks wurden bei Clayton Equipments in Staffordshire gebaut und sind jeweils mit zwei zweiachsigen Drehgestellen versehen. Auf dem Fahrzeugrahmen haben neben Technik und Führerhaus ein Fahrgastraum für zwölf Personen Platz gefunden.

Betrieben wird die Bahn jedes Jahr von Ende März/ Anfang April bis Ende Oktober mit den Diesel- bzw. Hybridlokomotiven. Die Zugdichte variiert je nach Fahrgastaufkommen, wobei zu Beginn der Saison der Gipfel auf Grund der noch winterlichen Bedingungen oft die ersten Wochen noch nicht angefahren werden kann. Die Dampfsaison startet Mitte Juni und endet Mitte September. Die Dampfzüge fahren mit einem historischen Wagen an Werktagen zusätzlich zu den Dieselzügen. Eine rechtzeitige Online-Vorbuchung ist angeraten. Resttickets gibt es zwar noch vor Ort, insbesondere bei schönem Wetter sind die Züge manchmal jedoch Tage vorab ausgebucht. Weitere Informationen und Buchungsmöglichkeiten: *www.snowdonrailway.co.uk*

Zahnradbahnen mit Dampflokeinsätzen
4. Österreich

Gemessen an der Topografie des Alpenlandes Österreich gab es hier auch früher nur relativ wenige Zahnradstrecken. Drei schmalspurige Bahnen sind bis heute im Betrieb und auf allen dreien sind noch Dampfloks zu erleben. Von weiteren Zahnradstrecken wie der berühmten Erzbergbahn sind noch Relikte und vor allem Dampflokomotiven erhalten geblieben. Da diese aber nicht mehr auf ihren angestammten Strecken im Einsatz sind, werden sie in Kapitel 8 vorgestellt.

Achenseebahn

Die Achenseebahn im österreichischen Bundesland Tirol wurde am 8. Juni 1889 eröffnet und bringt ihre Fahrgäste von Jenbach im Inntal (rund 35 Kilometer von Innsbruck entfernt) in rund 50 Minuten hinauf nach Seespitz zur Schiffsanlegestelle am Achensee. Die ersten 3,7 Kilometer bis Eben überwindet der Zug lautstark 440 Höhenmeter bei Steigungen bis zu 160 ‰ mit Hilfe einer Zahnstange des Systems Riggenbach. Sobald der Zug den Drei-Spurweiten-Bahnhof Jenbach (meterspurige Achenseebahn, ÖBB-Normalspur und Zillertalbahn mit 760 mm) verlassen hat, beginnt die Bergfahrt. Zuerst führt die Strecke am Rande von Jenbach entlang von Häusern und Wiesen, bevor ab dem Haltepunkt Burgeck die Strecke im Wald verschwindet. Während der Fahrt bieten sich immer wieder Ausblicke zurück ins Inntal und auf den Eingang des Zillertals. In Eben setzt die kleine Dampflok, die bis hierher auf der Talseite ihre beiden Wagen geschoben hat, um und weiter geht die Fahrt überwiegend im leichten Gefälle als Adhäsionsbahn über Maurach bis an den 3,1 Kilometer entfernten Achensee. Hier kann man auf das Schiff umsteigen und die Fahrt zu den Orten entlang des Sees fortsetzen. Die Achenseebahn ist heute die älteste, ausschließlich mit Dampf betriebene Zahnradbahn der Welt und wenig hat sich seither am Betrieb geändert.

Lok 4 rangiert im Juli 2019 in Jenbach und passiert auch eine der damals abgestellten Triebwagengarnituren der Appenzeller Bahn. Foto: Christian Jummrich

Lok 4 ist am 11.7.2019 auf Bergfahrt durch Jenbach und hat erst vor zwei Minuten den Bahnhof verlassen und sich in die Zahnstange eingeklinkt. Foto: Christian Jummrich

1888/89 wurden von der Wiener Lokomotivfabrik Floridsdorf vier Nassdampfloks der Bauart Bz n2t mit einem Dienstgewicht von 18,3 t, einer Länge von 5.650 mm und einer Leistung von rund 180 PS/130 kW gebaut. Die beiden Zylinder wirken über eine Blindwelle und ein Vorgelege mit einer Übersetzung von 1:1,95 auf eine Zahnradachse. Gleichzeitig ist diese über Kuppelstangen mit den beiden Achsen verbunden und ermöglicht auch den Adhäsionsbetrieb in den nicht mit Zahnstange ausgestatteten Abschnitten. Die Loks haben neben einer Riggenbach-Gegendruckbremse eine am Vorgelege angreifende Rillenbandbremse. Weiterhin wirkt auf das Bremszahnrad eine Rillenklotzbremse. Der Kessel der Loks ist um 80 ‰ geneigt. Die Konstruktion geht auf Pläne der Maschinenfabrik Esslingen zurück, die unter anderem 1884 zwei Loks an die Industriebahn Žakarovce in der heutigen Slowakei lieferte. Die Wiener Lokomotivfabrik Floridsdorf fertigte außerdem noch zwei baugleiche Maschinen für die Zahn-

ÖSTERREICH

radbahn von Csorba, ebenfalls in der heutigen Slowakei. Zumindest die Loks 1 bis 3 sind bisher ununterbrochen auf der Achenseebahn im Einsatz gewesen. Die vierte wurde 1930 als Ersatzteilspender außer Betrieb genommen, 1955 verschrottet und nur einzelne Teile aufgehoben. Bis 2008 wurde die Maschine unter Nutzung des alten Rahmens von Lok 2 wieder aufgebaut. In Jenbach ist zudem seit 1995 eine Diesellok für den Rangierdienst vorhanden, die jedoch nicht die Zahnradstrecke befahren darf. Sie wurde von der Firma Schöma (Baujahr 1948, Fabrik-Nr. 900) für die Inselbahn Langeoog gebaut und dort als Kö 3 bezeichnet.

Für die Zukunft existierten kühne Pläne mit Verlängerung der Bahn entlang des Achensees bis Pertisau, Elektrifizierung, Nutzung von Elektrotriebwagen für einen

Lok 2 steht zum Feierabend an der Lokbehandlung in Jenbach. Gerade wird die Lösche aus der Rauchkammer geschaufelt. Foto: Christian Jummrich

Links: Vor einigen Jahren gab es noch einen Frühzug im Fahrplan. Lok 4 ist am 22.8.2013 für diesen eingeteilt und rollt im Morgenlicht bei Seespitz dem Achensee entgegen. Foto: Christian Jummrich

Streckenverlauf der Achenseebahn.
Karte: Anneli Nau

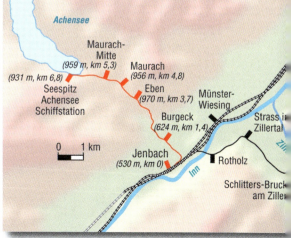

ganzjährigen ÖPNV und Errichtung eines Kreuzungsbahnhofs im Zahnstangenabschnitt. Diese Pläne konnten aber nicht umgesetzt werden. 2018 wurden Elektrotriebwagen der Appenzeller Bahn gekauft und nach Jenbach gebracht. Für den Einsatz hätten sie technisch umgerüstet und die Stecke entweder elektrifiziert oder die Triebwagen auf Hybridantrieb umgebaut werden müssen. Sie wurden

ÖSTERREICH 25

Nach der Ankunft des letzten Zuges des Tages werden die Wagen in die Remise geschoben, bevor Lok 4 zum Restaurieren und anschließend in das Heizhaus entschwindet. Foto: Christian Jummrich

Rechts oben: Lok 1 steht am 14.7.2019 in Seespitz. Beachtung sollte bei einem Besuch auch dem kleinen, mit Dampf der Lok angetriebenen Wasserkran geschenkt werden. Foto: Christian Jummrich

Rechts unten: Am 22.8.2013 hat Lok 4 kurz vor 9 Uhr die erste Bergfahrt des Tages geschafft und setzt in Eben für die Weiterfahrt auf der Flachstrecke an die Spitze des Zuges um. Foto: Christian Jummrich

schließlich 2021 verschrottet. 2019 plagten die kleine Bahn zeitweise Lok- und Personalmangel sowie finanzielle Sorgen. Letztere führten zur Insolvenz der Achenseebahn AG am 25. März 2020. Im Jahr 2020 fanden nur wenige bestellte Sonder- und Bahndienstfahrten statt. Außerdem war die Flachstrecke Eben – Seespitz sanierungsbedürftig. Auch 2021 gab es keinen regulären Betrieb. Zum Glück fand sich für die Bahn eine Lösung: Am 2. März 2021 wurde die „Achenseebahn Infrastruktur- und Betriebs-GmbH" (Anteilseigner: 60 % Land Tirol, 20 % Zillertalbahn, 20 % die Gemeinden Eben, Jenbach und Achenkirch) gegründet. Die Betriebsführung übernahmen die Zillertaler Verkehrsbetriebe. Die Flachstrecke wurde 2021 saniert. Zur Saison 2022 wurde der Dampfbetrieb mit den Loks 1, 3 und 4 wieder aufgenommen, die Aufarbeitung von Lok 2 begonnen. Die auffälligste Neuerung: Eine der Zuggarnituren, bestehend aus zwei Wagen, erstrahlte bereits wieder in alter grüner Lackierung. Die Nebensaison beginnt gegen Ende April und geht bis in die zweite Junihälfte, in der ein Zugumlauf mit drei Zugpaaren unterwegs ist. Gleiches gilt ab Mitte September bis Ende Oktober. Von Mitte Juni bis Mitte September wird nach dem Fahrplan der Hauptsaison gefahren. Dann sind zwei Dampfloks mit insgesamt fünf Zugpaaren auf der Strecke, wobei sich die beiden Züge meistens in Eben und einmal mittags in Seespitz begegnen. Ein weiteres Zugpaar wird um die Mittagszeit von Seespitz nach Eben und retour gefahren. Weitere Informationen: *www.achenseebahn.at*

ÖSTERREICH

Schafbergbahn

Die Schafbergbahn ist eine 5,85 Kilometer lange, meterspurige Zahnradbahn vom System Abt, die seit 2006 von der Salzkammergutbahn GmbH (SKGB), einem Tochterunternehmen der Salzburg AG Tourismus GmbH, betrieben wird. Sie führt seit 1893 von St. Wolfgang (542 m ü. A.) am Wolfgangsee hinauf auf den Schafberg (1782 m ü. A.) und ist mit Steigungen von bis zu 255 ‰ die steilste Zahnradbahn Österreichs. Die Fahrt beginnt in St. Wolfgang, bekannt als Urlaubsort und natürlich durch das Singspiel „Im weißen Rößl" von Ralph Benatzky, welches 1930 in Berlin seine Uraufführung feierte. Hier besteht auch Anschluss zu den Schiffen auf dem Wolfgangsee. Mit vier modernen Fahrgastschiffen oder dem Schaufelraddampfer KAISER FRANZ JOSEF I. kann man Ausflüge zu den anderen Orten am See machen. Der Bahnhof beherbergt eine große Werkstatt- und Fahrzeughalle samt Schiebebühne zwischen den beiden Hallen. Die alte Talstation wurde 2021 abgerissen und bis April 2023 als „Erlebnis-Quartier" inklusive überdachtem Einstiegsbereich, Ticketschalter, Museumszone, Räumen für Veranstaltungen und Restaurant neu errichtet. Nach dem Bahnhof geht es steil bergan erst durch die Ausläufer des Ortes, bald vorbei an Wiesen und durch Wälder. Der Blick ins Tal offenbart immer wieder tolle Ausblicke auf den Wolfgangsee und das Salzkammergut. Bereits nach 500 Metern fährt der Zug vom Bundesland Oberösterreich in das Bundesland Salzburg. Auf der Fahrt passiert der Zug die Ausweichstelle Aschinger (650 m ü. A.) und die alte Wasserstation Donneralpe (1011 m ü. A.). Nach 4,1 Kilometern wird der Unterwegsbahnhof Schafbergalm (1363 m ü. A.) erreicht, wo alle Dampfzüge die Wasservorräte ergänzen. Von hier an verläuft die Bahn durch freies Gelände oberhalb der Baumgrenze an der Flanke des Schafberges entlang und weist zwei

Die Z11 verlässt den Bahnhof Schafbergspitze und rollt in wenigen Sekunden in die beiden insgesamt 160 Meter langen Tunnel. Foto: Christian Jummrich

Links: Die Neubaudampflok Z12 wartet am 7.8.2020 in St. Wolfgang auf ihren Einsatz. Foto: Christian Jummrich

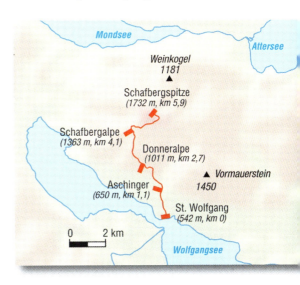

Streckenverlauf der Schafbergbahn. Karte: Anneli Nau

kurz aufeinanderfolgende Tunnel (insgesamt 160 Meter) auf. Der Zug erreicht nach 5,9 Kilometern auf 1732 Metern Höhe ü. A. den Bahnhof Schafbergspitze.

Betrieben wird die Bahn zwischen Ende April und Anfang Oktober. Die Fahrzeit mit den Regelzügen beträgt 35 Minuten. Der veröffentlichte Fahrplan kann bei hohem Besucherandrang erweitert und bei schlechter Witterung eingeschränkt werden. Das aktuelle Zugangebot wird an den Stationen auf Bildschirmen angezeigt. Im Frühjahr, im Herbst und in der Adventszeit finden weitere (Sonder-) Fahrten auf einem Teil der Strecke statt. Die Züge bestehen aus zwei Personenwagen. Eingesetzt werden überwiegend zweiachsige Zahnraddiesselloks der Reihe HGm 2/2 von Stadler Rail (Vz31 Baujahr 2010, Vz32 von 2016 und seit Juli 2020 im Bestand die Loks Vz33 und 34). Die zwischen 1992 und 1995 gebauten ölbefeuerten Neubau-Dampflokomotiven Z11 bis Z14 (siehe Kapitel 5) kommen seit 2020

Die kohlegefeuerte Z4 ist am 13.6.2019 mit einem Nostalgiezug in St. Wolfgang auf Bergfahrt. Foto: Thomas Küstner

Rechts: Während der Fahrt kann man auch immer wieder einen Blick auf den Wolfgangsee erhaschen. Foto: Thomas Küstner

vor allem als Reserveloks sowie bei starkem Besucherandrang zum Einsatz, wenn mehr als vier Zuggarnituren benötigt werden. Damit gibt es in St. Wolfgang weiterhin noch regulären Dampfbetrieb, es braucht aber etwas Glück, um die Dampfloks tatsächlich im Einsatz zu erleben. Die größten Chancen hat man bei schönem Wetter, wenn viele Fahrgäste zu befördern sind. Dann fahren manchmal sogar zwei der Neubaudampfloks im Sichtabstand zum Gipfel hinauf.

Die historischen Originalmaschinen (Reihe SKGLB Z) der Bauart 2zz1' n2t sind zusätzlich an einigen ausgewählten Terminen im Jahr mit einem Nostalgiezugpaar im Einsatz. Sie schieben dann einen der alten Vorstellwagen in einer Stunde und zehn Minuten bergwärts bis zum Gipfel. Für die Talfahrt sieht der Fahrplan 50 Minuten vor. Oft stehen die Fahrten unter einem bestimmten Motto wie beispielsweise Abendfahrten zum Sonnenuntergang. Für die Schafbergbahn der Salzkammergut-Lokalbahn (SKGLB) wurden 1893/1894 sechs Exemplare von Krauss & Co. Linz gebaut, die bei den ÖBB die Bezeichnung 999.101 bis 106 trugen. Fünf baugleiche Loks, lediglich mit anderer Kesselneigung, gingen 1896 bis 1900 an die Schneebergbahn. Die Konstruktion soll sich an den fünf französischen Zahnraddampfloks für die Bahn zum Kloster Montserrat in Spanien aus dem Jahr 1892 orientiert haben. Die zirka 200 PS/150 kW starken Schafbergbahnloks weisen eine Kesselneigung von 170 ‰ auf, sind 5.550 Millimeter lang und haben ein Dienstgewicht von 18 t. Die Höchstgeschwindigkeit liegt bei 12 km/h. Der obenliegende Zylinder (System Brown) treibt über einen Balancierhebel und Treibstangen die beiden gekuppelten Zahnradachsen an. Die Räder drehen lose mit, weshalb auch die ebenen Abschnitte mit einer Zahnstange ausgerüstet sein müssen. Die Loks verfügen über eine innenliegende Gooch-Exzentersteuerung. Betriebsbremse ist eine Riggenbach-Gegendruckbremse, als weitere mechanische Anhaltebremse dient eine Rillenbandbremse auf der linken und rechten Seite. In den 1960er-Jahren wurden alle Loks der Reihe mit einer automatischen Notbremse bei Überschreitung der Höchstgeschwindigkeit ausgestattet. Diese wirkt über einen Bremszylinder auf die linke Rillenbandbremse. Die Druckluft kommt aus den an der Führerhausrückwand montierten Pressluftflaschen. 1952 bzw. 1954 erhielten alle Loks einen Giesl-Ejektor.

Links unten: Am alten Gasthaus Schafberg-Alpe ist der weitere Streckenverlauf gut zu erkennen. Die Züge unterqueren die Brücke rechts unten im Bild, halten im Bahnhof und gewinnen in einem großen Bogen an Höhe, bevor sie dann an der rechten, steilen Bergflanke des Schafberges entlangfahren. Foto: Christian Jummrich

Aussicht Schafberg. Foto: Christian Jummrich

Die Loks der Reihe Z standen bis zur Anschaffung der Neubaudampfloks in den 1990er-Jahren im täglichen Einsatz. Lediglich 999.101 wurde 1974 zwischenzeitlich an die Schneebergbahn abgegeben. Fünf der SKGLB-Loks sind noch heute im Besitz der Schafbergbahn. Für den Einsatz vor den Nostalgiezügen sind die Z4 (999.104) und Z6 (999.106) vorgesehen. Die 2007 nach St. Wolfgang zurückgekehrte Z1 (999.101) wurde wieder dem Originalzustand angeglichen und mit mattglänzender schwarzer Lackierung versehen. Sie erhielt auch ihren Rundkamin anstelle des in den 1950er-Jahren verbauten Giesl-Ejektors zurück, seither gibt es aber Probleme mit dem Funkenflug. Die Lok kam deshalb über Probefahrten und Einsätze zum Jubiläum

Die Z13 klettert am 19.8.2013 an der Jausenstation Aschinger talwärts. Foto: Christian Jummrich

Zugkreuzung im Bahnhof Schafbergalm zwischen einem Diesel- und einem talwärts fahrenden Dampfzug. Foto: Christian Jummrich

Die Neubaudampflok Z12 steht am 19.8.2013 in St. Wolfgang für die Fahrt auf die Schafbergspitze bereit. Foto: Christian Jummrich

2008 nicht hinaus. Sie steht seit November 2022 als Ausstellungsstück im neuen „ErlebnisQuartier" in der Talstation in St. Wolfgang. Die Z2 (999.102) steht seit 2011 als Denkmal in Abersee neben der Bundesstraße von Salzburg nach Bad Ischl. Lok Z3 (999.103) ging im April 2006 als Leihgabe zuerst als Ausstellungsstück an die Österreichische Gesellschaft für Eisenbahngeschichte (ÖGEG) in das Eisenbahnmuseum Ampflwang. Im April 2007 wechselte sie in die Lokwelt Freilassing, wo sie bis heute zu sehen ist. Die teilweise blau lackierte 999.105 gehört seit 1996 dem Technischen Museum in Wien. 2007 kam die Lok für einige Jahre nach St. Wolfgang zurück, wurde dann kurzzeitig an Hans-Peter Porsche verliehen, der sie vor seinem Museum „TraumWerk" für Blechspielzeug, Modelleisenbahn sowie Sportwagen als Denkmal im bayerischen Anger-Aufham aufstellte. Inzwischen ist die Lok wieder im Fundus des Technischen Museums Wien zurück und geschützt im Depot in Haringsee hinterstellt. Weitere Informationen: *www.salzburg-bahnen.at/de/schafbergbahn.html*

Schneebergbahn

Die 9,81 Kilometer lange, meterspurige Schneebergbahn verbindet Puchberg am Schneeberg (577 m ü. A.) mit dem Hochschneeberg (1796 m ü. A.). Sie liegt rund 80 Kilometer von Wien entfernt. Verwendet wird das System Abt bei Steigungen bis zu 197 ‰. Eröffnet wurde die heute von der Niederösterreichischen Schneebergbahn GmbH (NöSBB) unter dem Dach der Niederösterreichischen Verkehrsorganisationsgesellschaft (NÖVOG) betriebene Strecke in zwei Abschnitten im Jahre 1897. In Puchberg befinden sich Werkstatt und Remise der Bahn gleich neben den Normalspurgleisen. Die Bahn verläuft über die Stationen Hengsttal, den Betriebsbahnhof Hauslitzsattel, Hengsthütte, den Betriebsbahnhof an der Wasserstelle „Am Hengst" zur Kreuzungsstation Baumgartner meist durch Wälder. Anschließend geht es auf einem großen Damm bergauf und über die Baumgrenze hinaus. Es folgen der erste (177 Meter) und zweite Schneebergtunnel (202 Meter) und nach insgesamt 40 Minuten (Dieselzug) bzw. rund 90 Minuten (Dampfzug) ist der Schneeberg erreicht.

Streckenverlauf der Schneebergbahn.
Karte: Anneli Nau

Auf dem Weg zum Gipfel legt die Z5 mit dem Nostalgiezug in der Station Baumgartner einen Halt ein. Während die meisten Fahrgäste die berühmten Buchteln, ein gefülltes Hefeteiggebäck, kosten wollen, kann man auch die Kreuzung dreier Züge beobachten. Foto: Christian Jummrich

Betrieben wird die Bahn von Ende April bis Anfang November mit Dieselzügen nach einem festen Grundfahrplan, mit weiteren Zügen nach Bedarf bis hin zu einem 30-Minuten-Takt. Zudem gibt es im November und Dezember Dieselfahrten nur bis zur Station Baumgartner. Die drei Triebzüge, die werbewirksam ein Salamander-Outfit mit Bezug zur Natur in der Region erhalten haben, wurden ab 1999 angeschafft. Bis dahin war der Betrieb fest in der Hand der Dampfloks. Zudem wurden 2010 zwei Dieselloks HGm 2/2 mit den Nummern 14 und 15 von Stadler Rail beschafft. Lok 15 wurde an die Schafbergbahn vermietet, welche die Lok 2012 erwarb und als Vz31 in den Bestand einreihte. Lok 14 trägt inzwischen ebenfalls ein Salamander-Design und kommt entweder für Bauzüge oder bei hoher Nachfrage mit einer passend gestalteten Wagengarnitur als Verstärkung zum Einsatz.

Ein Dampfzugpaar verkehrt heute noch jeden zweiten Sonntag im Zeitraum Juni bis September und verlässt Puchberg am späten Vormittag. Gebildet wird der Zug aus zwei Wagen und mit der Lok Z2 (999.02) oder der Z5 (999.05) bespannt. Die Loks der Reihe Z entsprachen bis auf die Kesselneigung (120 ‰) sowie die Blauölzusatzfeuerung den Originalloks der Schafbergbahn. Die fünf Maschinen wurden zwischen 1896 und 1900 von Krauss & Co. Linz gebaut, sind 18 t schwer, 5.545 Millimeter lang, haben eine Leistung von rund 200 PS/150 kW und eine Höchstgeschwindigkeit von 12 km/h. Die Blauölfeuerung erhielten sie 1900. Sie wurde aber bereits im Ersten Welt-

Am Abend des 21.5.1998 stehen schon unter NÖSBB-Regie die Loks 999.101 und 999.04 vor der Remise in Puchberg. Bei genauer Betrachtung ist auch die abweichende Kesselneigung der von der Schafbergbahn kommenden 999.101 zu erkennen. Foto: Johannes Roller

Rechts oben: Die ÖBB-Lok 999.01 wird am 17.7.1981 in Puchberg für den Einsatz vorbereitet. Foto: Johannes Roller

Rechts: Lok 999.01 fährt am 17.7.1981 oberhalb von Puchberg bergwärts. Der Zug hat einen Wasserwagen dabei, mit dem damals die Mittelstation Baumgartner noch mit Speisewasser für die Loks versorgt wurde. Foto: Johannes Roller

Alle fünf Originalloks sind noch heute in Puchberg vorhanden. Die Z1 steht seit Sommer 2020 als Denkmal am Bahnhofsgelände. Foto: Christian Jummrich

krieg auf Grund des Rohstoffmangels zurückgebaut. Bei den ÖBB, welche die Bahn bis 1997 betrieben, wurden sie ab 1953 unter den Nummern 999.01 bis 05 geführt. Es sind noch alle fünf Maschinen in Puchberg erhalten. Ab 1974 war Lok 999.101 der Schafbergbahn in Puchberg behei- matet, wurde aber 2007 an die Salzburg AG verkauft und wieder nach St. Wolfgang zurückgegeben. Nur ein sehr kurzes Gastspiel gab die SLM-Neubaulok 999.201 von 1992 bis 1993 am Schneeberg (siehe Exkurs Kapitel 5). Weitere Informationen: *www.schneebergbahn.at*

Ansicht des Bahnhofs Puchberg. Links im Bild sind die Anlagen der Zahnradbahn zu sehen, rechts die Normalspurgleise von Wiener Neustadt kommend. Foto: Christian Jummrich

Lok Z5 wartet am 24.7.2022 mit dem Nostalgiedampfzug im Bahnhof Hochschneeberg in 1.800 Metern Höhe auf die Rückfahrt ins Tal. Foto: Christian Jummrich

Einer der Salamander-Dieselzüge verlässt am Nachmittag des 24.7.2022 den Bahnhof Puchberg. Dem Triebzug vorgestellt ist einer der beiden „Babysalamander" für den Transport von Gütern zu den Hütten. Foto: Christian Jummrich

5. Exkurs: Die SLM-Neubaudampfloks für Österreich und die Schweiz

Die Loks Z13 und Z14 stehen am 19.8.2013 vor Betriebsbeginn in St. Wolfgang abgestellt. An beiden ist das angeschlossene Elektrokabel zu sehen, welches das elektrische Vorheizgerät zum automatischen Warmhalten über Nacht mit Strom versorgt. Ein langes Anheizen oder eine Nachtwache wie bei herkömmlichen Dampfloks ist damit nicht mehr notwendig. Foto: Christian Jummrich

Vorige Doppelseite: Seitenansicht der Lok Z11 der Schafbergbahn. Foto: Christian Jummrich

Skizze der SLM-Neubauloks, Quelle: Schweizerische Lokomotiv- und Maschinenfabrik AG/SBB Historic,
CC BY-SA 3.0, https://commons.wikimedia.org/wiki/File:
SBB_Historic_-_19_00_05_18b_-_Zahnrad-Dampflokomotive_H_2_3.jpg?uselang=de

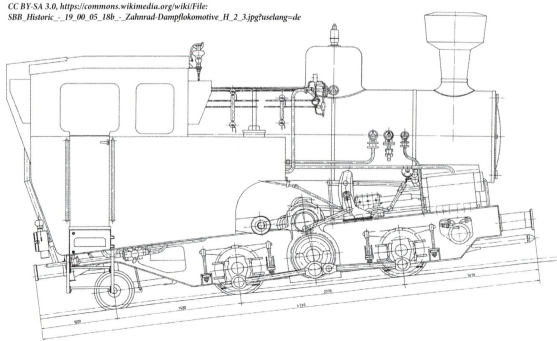

Lok 12 der Brienz-Rothorn-Bahn rangiert am 5.7.2021 im Abendlicht in Brienz und zeigt ihre Frontseite, die sonst meist vom geschobenen Wagenzug verdeckt ist. Foto: Christian Jummrich

Die modernen Dampfloks des Typs SLM H 2/3 haben ihren Ursprung in Überlegungen aus den 1980er-Jahren. Bei der Schweizerischen Lokomotiv- und Maschinenfabrik (SLM) entstand die Idee, der Dampflokomotive in Form moderner, ölgefeuerter Maschinen für Einmannbedienung zu einer neuen Renaissance zu verhelfen. Es wurde ein Markt bei Bahnen mit starker touristischer Nutzung und einer höheren Zahlungsbereitschaft für den Dampflokeinsatz im Vergleich zur Nutzung moderner Diesel- oder Elektrofahrzeuge gesehen. Einige Projekte wurden daraufhin umgesetzt. Im Jahr 2000 ist aus der SLM-Dampfsparte die Dampflokomotiv- und Maschinenfabrik (DLM) AG entstanden. Für weitere Informationen und Einblick in vergangene und aktuelle Projekte sowie in das Produktportfolio ist die Seite des Unternehmens sehr zu empfehlen: *www.dlm-ag.ch*

Oben: Blick in den modernen Führerstand einer der SLM-Loks. Foto: Christian Jummrich

Rechts: Triebwerk einer der SLM-Loks. Foto: Christian Jummrich

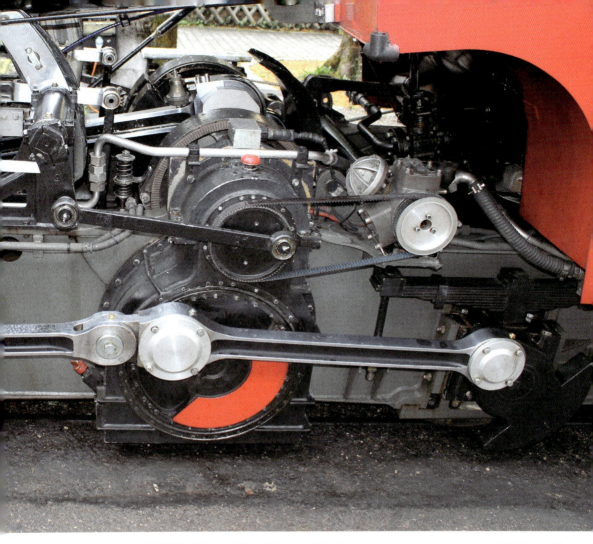

Links: Antrieb der automatischen Wasserpumpe an einer der SLM-Loks.
Foto: Christian Jummrich

Rechts: Triebwerk von BRB-Lok 16.
Foto: Christian Jummrich

EXKURS: SLM-NEUBAUDAMPFLOKS

Lok 1 der MTGN ist auf Talfahrt vom Rochers de Naye bei Montreux. Die 10,3 Kilometer lange Zahnradbahn wird zwar elektrisch betrieben, bekam aber 1992 eine der SLM-Neubauloks geliefert. Da sie nur für einzelne Fahrten Verwendung fand und zudem ein Einzelstück gewesen ist, wurde sie 2005 nach Brienz (BRB Lok 16) weitergegeben. Foto: Werner Hardmeier

Die Zahnradloks SLM H 2/3 der Bauart 2zz1' h2t haben eine Länge von 6.260 Millimetern, ein Gesamtgewicht von 16,3 t, eine Höchstgeschwindigkeit von 12 km/h, einen Ölvorrat von 0,55 m³ und 1,3 m³ Wasservorrat. Die Leistung liegt bei rund 450 PS/330 kW. Besonderheiten der modernen Dampfloks sind u. a. die Auslegung für den Einmannbetrieb mit automatischer Kesselspeisung während der Fahrt, Ölfeuerung und Sicherheitsfahrschaltung,

eine elektrische Warmhaltung für die Nacht, die Leichtbauweise sowie Wälzlager. Die Dampfmaschine wirkt auf eine Kurbelwelle. Über ein Untersetzungsgetriebe im Getriebekasten wird die Blindwelle in Bewegung gesetzt, die über Stangen mit den beiden Antriebsachsen verbunden ist. Aufgrund des Übersetzungsverhältnisses von 2,3:1 hört sich der Auspuffschlag der schnelllaufenden Dampfmaschine in voller Fahrt eher nach einem Traktor und weniger

Lok 14 steht abgestellt als Reservelok am 5.7.2021 in der Werkstatt- und Lokhalle in Brienz.
Foto: Christian Jummrich

nach einer klassischen Dampflok an, ist aber trotzdem sehr markant. Die Räder sitzen kugelgelagert auf den Achsen, werden aber nicht mit angetrieben. Außerdem verfügen die Loks über eine bewegliche Laufachse. Unter der Rauchkammer sitzen die innenliegenden Zylinder, darunter ist ein Oberflächenvorwärmer verbaut. Betriebsbremse ist die Riggenbachsche Gegendruckbremse. Zusätzlich besitzen die Loks eine handspindelbetätigte Bandbremse, eine mit Druckluft lösende Federspeicherbremse sowie eine Druckluftbremse auch für die Vorstellwagen als Notbremse.

1989 wurden drei Maschinen in Auftrag gegeben und 1992 ausgeliefert: Die ÖBB erhielt die grün lackierte 999.201 (Fabrik-Nr. 5424), welche zuerst auf der Schneebergbahn getestet wurde und 1993 zur Schafbergbahn kam. An die Brienz-Rothorn-Bahn (BRB) ging Lok 12 (Fabrik-Nr. 5456) und an die Chemin de fer Montreux-Territet-Glion-Rochers-de-Naye (MTGN) die MTGN 1 (Fabrik-Nr. 5457). Die Maschinen für Österreich und die Schweiz unterscheiden sich nur in wenigen Details bezüglich der Abmessungen (z. B. Höhe, Raddurchmesser und Spurweite). Die Spurweite der Schaf- und Schneebergbahn beträgt 1.000 mm, die der beiden Bahnen in der Schweiz 800 mm. Nach den ersten Tests bestellten die ÖBB weitere drei und die BRB zwei Lokomotiven. Diese wurden 1995/96 in Schwarz/Rot ausgeliefert (ÖBB-Nr. 999.202 – 204 mit den Fabrik-Nr. 5686 – 5688 sowie BRB 14 und 15 mit den Fabrik-Nr. 5689 und 5690). Die MTGN-Lok 1 wurde 2005 an die BRB verkauft und dort als BRB 16 in den Bestand eingereiht.

Die Schafbergbahn wurde zum 28. April 2006 von der Salzburg AG übernommen, welche die Maschinen als Z11 bis Z14 bezeichnet und in Rubinrot mit schwarzem Kessel und Fahrwerk umlackiert hat. Die Wasserkästen und das Führerhaus der BRB-Loks sind inzwischen grün. Alle acht Lokomotiven sind nach wie vor betriebsfähig in Brienz und St. Wolfgang im Bestand.

Zahnradbahnen mit Dampflokeinsätzen
6. Schweiz

Die Schweiz ist das Land mit den wohl meisten Zahnradbahnen. Einige davon sind Teil „normaler" Bahnstrecken im gemischten Zahnrad- und Adhäsionsbetrieb und in den ÖPNV integriert. Am bekanntesten ist die von der Matterhorn-Gotthard-Bahn (MGB) betriebene Strecke Disentis – Brig – Zermatt mit Zahnstangenabschnitten über den Oberalppass, im Rhonetal sowie zwischen Visp und Zermatt. Die Strecke wird auch vom weltberühmten Glacier-Express, dem langsamsten Schnellzug der Welt, befahren. Fast alle Zahnradbahnen in der Schweiz werden elektrisch betrieben und Dampffahrten gibt es, wenn überhaupt, nur vereinzelt. Zwei große Ausnahmen und gleichzeitig besondere Juwelen der Schweizer Eisenbahnwelt sind die Brienz-Rothorn-Bahn sowie die Museumsbahn über die Furka-Bergstrecke, die noch regulär Dampflokomotiven einsetzen. Beide Strecken werden in diesem Kapitel vorgestellt, außerdem die Brünig-Dampfbahn, die Ferrovia Monte Generoso sowie die Rigi-Bahnen. Weitere in der Schweiz erhaltene Zahnraddampfloks werden in Kapitel 8 behandelt.

Brienz-Rothorn-Bahn

Die Brienz-Rothorn-Bahn (BRB) führt von Brienz im Berner Oberland auf das Brienzer Rothorn. Die Strecke wurde am 17. Juni 1892 eröffnet, hat eine Länge von 7,6 Kilometern, 800 Millimeter Spurweite und ist mit dem Abtschen Zahnradsystem ausgestattet. Die maximale Steigung liegt bei 250 ‰. 1914 musste die Bahn ihren Betrieb aus Wirtschaftlichkeitsgründen einstellen, erst 1931 entschied man sich für eine Wiederinbetriebnahme. Die Besonderheit war schon damals die Entscheidung gegen

Lok 16 steht am 5.7.2021 bei bestem Wetter auf dem Rothorn zur Talfahrt bereit. Nicht weniger als 693 Berggipfel kann man von hier erblicken, sofern das Wetter mitspielt.

Links: Aussicht vom Brienzer Rothorn auf den Brienzer See und die Schweizer Bergwelt. Fotos: Christian Jummrich

eine Elektrifizierung. Als besondere Attraktion sollte der Dampflokbetrieb beibehalten werden, der auf vielen Strecken in der Schweiz schon auf dem Rückzug war. Diese Entscheidung hat bis heute Bestand. Die Strecke ist eine der wenigen öffentlichen Bahnen der Schweiz, die nie elektrifiziert wurden und die einzige, die heute noch (in der Saison) täglichen Dampf bietet. Die Fahrt beginnt im Holzschnitzer-Dorf Brienz (566 m ü. M.) unweit des Sees etwas oberhalb des Bahnhofs der Zentralbahn. Hier befinden sich die Werkstatt und Remise sowie die Abstellhallen der Bahn. Die Strecke führt zunächst an den letzten Brienzer Häusern vorbei, später aufwärts durch Wiesen und Wälder bis zum Bahnhof Geldried bei Kilometer 2,1. Ein Stück hinter dem

Streckenverlauf der Brienz-Rothorn-Bahn. Karte: A. Nau

SCHWEIZ 49

Lok 7 fährt am 16.6.1996 mit einer gemischten Zuggarnitur aus einem alten und einem der modereren Vorstellwagen bei Brienz bergwärts. Foto: Thomas Küstner

Rechts: Lok 1 klettert am 16.6.1996 bei Oberstaffel talwärts. Sie war ab 1892 erst als Lok 4 bei der Chemin de fer Glion-Rochers-de-Naye, ab 1941 als Lok 7 bei der Monte-Generoso-Bahn und ist seit 1962 in Brienz als Lok 1 in Zweitbesetzung im Bestand. Foto: Thomas Küstner

Bahnhof bietet sich in einem der Tunnel ein toller Ausblick durch Felsdurchstiche auf den Brienzer See. Bei Kilometer 3,6 liegt der Kreuzungsbahnhof Planalp, wo alle Dampfzüge Wasser nachnehmen. Weiter geht die Fahrt nun oberhalb der Baumgrenze bergauf. Ein weiterer Tunnel (von denen die Strecke sechs Stück mit insgesamt 730 Metern Länge aufweist) und der Kreuzungsbahnhof Oberstaffel werden passiert. Dabei hat man immer wieder spektakuläre Ausblicke auf die imposante Bergwelt und auf den Brienzer See. In einem großen Halbkreis entlang der schroffen Berghänge gewinnen die Züge weiter an Höhe. Durch zwei letzte Tunnel windet sich die Bahn in einem Rechtsbogen bis zum Endbahnhof. Nach der Ankunft in Rothorn Kulm (2244 m ü. M., Kilometer 7,6) kann man das kurze Stück zum Gipfel wandern und hat bei gutem Wetter eine Aussicht auf nicht weniger als 693 Berggipfel, u.a. auf den Pilatus und in die entgegengesetzte Richtung auf Eiger, Mönch und Jungfrau.

Die Originalausstattung der Bahn bildeten vier Dampfloks H 2/3 (Typ 1) der SLM aus den Jahren 1891/92. Bei diesem Fahrzeugtyp handelte es sich um die ersten reinen abtschen Zahnradlokomotiven aus dem Hause SLM. Die ersten sechs Loks wurden 1890 für die Monte-Generoso-Bahn geliefert und waren der Auftakt für rund 40 ähnliche Lokomotiven für verschiedenste Bahnen. Die Maschinen der Bauart 2zz1' h2t (ausgeliefert als Nassdampfloks, 1935/36 Umbau zu Heißdampfloks) mit einem Dienstgewicht von 17 t, einer Länge von 6.040 Millimetern und einer Leistung von rund 230 PS/170 kW haben einen um 120 ‰ nach vorn geneigten Kessel. Die Höchstgeschwindigkeit liegt bei 9 km/h. Die obenliegenden Zylinder vom System Brown treiben über einen senkrechten Balancierhebel und Treibstangen die beiden gekuppelten Zahnradachsen an, wobei die Räder lose mitdrehen. Das Übersetzungsverhältnis beträgt 1:1,4. Jede der beiden Antriebsachsen hat jeweils zwei um eine halbe

Ansicht des Bahnhof Brienz mit Blick in Richtung Remise und Werkstatt. Ganz rechts führt das Streckengleis in einem Rechtsbogen aus dem Bahnhof. Foto: Christian Jummrich

Lokparade der kohlegefeuerten Loks 6, 5 sowie 4 am 18.9.1981 in Brienz. Foto: Matthias Koch

Teilung verschobene Zahnräder. Die Stützachse unter der Feuerbüchse ist mit einem Bissel-Gestell ausgeführt. Zum Abbremsen wird im Betrieb eine Gegendruckbremse verwendet, als weitere mechanische Anhaltebremse dient eine Rillenbandbremse auf der linken und rechten Seite, die jeweils auf beide Antriebsachsen wirkt. Auf diese wirkt auch eine automatisch bei Geschwindigkeitsüberschreitungen ansprechende Dampfbremse. Drei der vier Loks waren bis in die 1990er-Jahre im täglichen Einsatz. Die Lok 1 wurde bereits 1961 verschrottet, allerdings wurde der Bestand durch zwei baugleiche Loks von der Wengeralpbahn (Baujahr 1891, seit 1912 als Lok 5 bei der BRB im Bestand) bzw. von der Monte-Generoso-Bahn (Baujahr 1891, seit 1962 bei der BRB als Nr. 1 in Zweitbesetzung) ergänzt. Die Loks 2 und 5 sind betriebsfähig. Lok 2 war im September 2018 sogar als Gastlok auf der Snowdon Mountain Railway im unteren Teil der Strecke im Einsatz. Die kohlebefeuerten Loks sind in der Lage, einen Vorstellwagen zu befördern.

1933 und 1936 beschaffte die BRB von der SLM zwei stärkere Loks (Nr. 6 und 7) der Bauart 2zz1' h2t mit einer Leistung von rund 300 PS/220 kW, 6.400 Millimetern Länge und einem Dienstgewicht von 20 t. Die Höchstgeschwindigkeit liegt bei 9 km/h., die Antriebsübersetzung beträgt 1:2,2. Die Loks haben einen Großraumröhrenüberhitzer System Schmidt. Sie können zwei Wagen zum Gipfel befördern und sind derzeit beide betriebsfähig.

Die kohlegefeuerte Lok 2 kämpft sich am 7.7.2021 mit dem „Dampfwürstlibummler" durch den Ort Brienz bergan. Foto: Christian Jummrich

Die neueste Dampflokgeneration bilden die vier SLM-Neubauloks (siehe auch Kapitel 5), von denen die 1992 gelieferte Lok 12 die erste war. 1996 folgten die Loks 14 und 15, die 1992 gelieferte Lok der MTGN wurde 2005 hinzugekauft und als Nr. 16 eingereiht. Diese vier Loks tragen die Hauptlast des täglichen Verkehrs in der Saison. Darüber hinaus ist die Bahn im Besitz von drei Dieselloks, die vorwiegend für Bauzüge, Verstärkerfahrten oder als kurzfristiger Ersatz bei Ausfall einer Dampflok verwendet werden.

Die Saison läuft von Anfang Juni bis in die zweite Oktoberhälfte hinein. Es sind planmäßig ab 8:36 Uhr (an Wochenenden von Juli bis September auch schon eine Stunde eher) drei Zuggarnituren im Einsatz, die mehrmals am Tag den Gipfel anfahren, womit fast ein Stundentakt geboten wird. Hierfür werden die vier ölgefeuerten SLM-Neubaudampfloks aus den 1990er-Jahren genutzt. Bei sehr schlechter Witterung können wie bei vielen Zahnradbahnen Züge ausfallen oder aber bei guter Witterung sowie Vorbestellungen Zusatzzüge verkehren. Die Zusatzzüge fahren häufig mit einer der Dieselloks oder einer der historischen kohlegefeuerten Dampfloks, teilweise auch im Sichtabstand.

54 SCHWEIZ

Ein Talfahrer mit Lok 12 an der Spitze rollt am Vormittag des 5.7.2021 auf die Station Geldried zu, in der schon der nächste bergwärts fahrende Zug die Kreuzung abwartet. Foto: Christian Jummrich

Links oben: Lok 2 hat am 7.7.2021 Dienst mit dem „Dampfwürstlibummler" und rangiert in Brienz mit dem Wagen aus der Remise an den Bahnsteig. Foto: Christian Jummrich

Links unten: Die Loks Nr. 6 sowie 7 aus der zweiten Dampflokgeneration stehen am 5.7.2021 abgestellt in der Werkstatt- und Lokhalle in Brienz. Foto: Christian Jummrich

Blick aus dem letzten Zug des Tages heraus auf den Kreuzungsbahnhof Geldried und den Brienzer See, Foto: Christian Jummrich

Lok 16 schiebt am 6.7.2021 den ersten Zug des Tages bei schönstem Sommerwetter entlang der Brienzer Gärten bergauf.
Foto: Christian Jummrich

Ein Dampfzug auf der Bergfahrt zwischen Oberstaffel und Rothorn Kulm am 5.7.2021.
Foto: Christian Jummrich

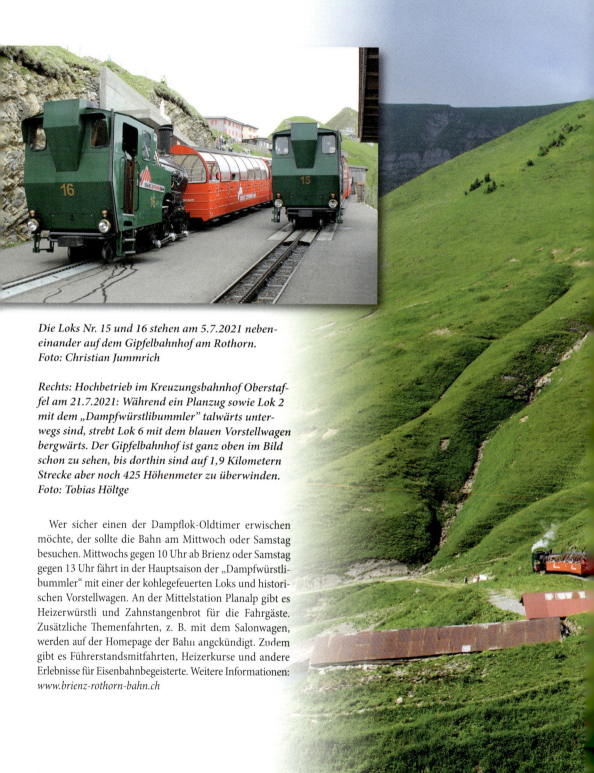

Die Loks Nr. 15 und 16 stehen am 5.7.2021 nebeneinander auf dem Gipfelbahnhof am Rothorn.
Foto: Christian Jummrich

Rechts: Hochbetrieb im Kreuzungsbahnhof Oberstaffel am 21.7.2021: Während ein Planzug sowie Lok 2 mit dem „Dampfwürstlibummler" talwärts unterwegs sind, strebt Lok 6 mit dem blauen Vorstellwagen bergwärts. Der Gipfelbahnhof ist ganz oben im Bild schon zu sehen, bis dorthin sind auf 1,9 Kilometern Strecke aber noch 425 Höhenmeter zu überwinden.
Foto: Tobias Höltge

Wer sicher einen der Dampflok-Oldtimer erwischen möchte, der sollte die Bahn am Mittwoch oder Samstag besuchen. Mittwochs gegen 10 Uhr ab Brienz oder Samstag gegen 13 Uhr fährt in der Hauptsaison der „Dampfwürstlibummler" mit einer der kohlegefeuerten Loks und historischen Vorstellwagen. An der Mittelstation Planalp gibt es Heizerwürstli und Zahnstangenbrot für die Fahrgäste. Zusätzliche Themenfahrten, z. B. mit dem Salonwagen, werden auf der Homepage der Bahn angekündigt. Zudem gibt es Führerstandsmitfahrten, Heizerkurse und andere Erlebnisse für Eisenbahnbegeisterte. Weitere Informationen: *www.brienz-rothorn-bahn.ch*

Dampfbahn Furka-Bergstrecke

Die Dampfbahn Furka-Bergstrecke (DFB) betreibt die 17,8 Kilometer lange, meterspurige Strecke von Realp DFB (1546 m ü. M.) hinauf zum Bahnhof Furka (2163 m ü. M.), durch den Furka-Scheiteltunnel und hinab über Gletsch nach Oberwald DFB (1366 m ü. M.). 12,7 Kilometer der Strecke sind mit einer Zahnstange des Systems Abt ausgerüstet. Die komplette Strecke über den Furka-Pass wurde 1925 durch die Furka-Oberalp-Bahn (FO) eröffnet, konnte wegen der Gefahr von Schneelawinen aber nur von Mai/Juni bis Oktober befahren werden. Aus diesem Grund wurde zwischen Realp und Oberwald der Furka-Basistunnel erbaut, der 1982 in Betrieb ging. Den Verkehr auf der Bergstrecke stellte die FO mit dem Saisonende 1981 ein. Durch den unermüdlicher Einsatz ehrenamtlicher Eisenbahnfreunde war es möglich, den Museumsbetrieb schrittweise zwischen 1992 und 2010 wieder auf der gesamten Bergstrecke aufzunehmen. Die ersten Museumszüge fuhren am 10. Juli 1992 zwischen Realp und Tiefenbach. 2000 war Gletsch erreicht und seit 12. August 2010 läuft der Betrieb wieder bis nach Oberwald.

Die Fahrt beginnt im Bahnhof Realp DFB. Hier befinden sich neben zwei Bahnsteiggleisen auch Abstellgleise und die

Blick von Gletsch aus in Richtung Furka-Pass auf den beginnenden Zahnstangenabschnitt des Systems Abt. Foto: Christian Jummrich

Links: Lok 4 steht mit einem Reisezug in Gletsch und ergänzt ihre Wasservorräte. Gut zu erkennen ist im Hintergrund noch die Fläche, über die sich einst der Rhone-Gletscher schob. Zu den Zeiten des Bahnbaus war dieser noch vom Zug aus zu sehen und gab dem weltberühmten „Glacier-Express" seinen Namen. Foto: Werner Hardmeier

Wagenhalle der Museumsbahn. Das Depot mit Drehscheibe, dreigleisiger Remise, einem fünfgleisigen Werkstattneubau sowie Einrichtungen zur Versorgung der Dampfloks liegt rund 150 Meter vom Bahnhof entfernt an der Strecke in Richtung Furka. Nachdem der Zug das Depot passiert hat, ist links der Fluss Furkareuss zu sehen und das Tal wird zusehends enger. Der erste Zahnstangenabschnitt mit einer Steigung von 110 ‰ beginnt. Auf der Wilerbrücke (70 Meter) wird die Talseite gewechselt. An Steilhängen entlang kämpft sich der Zug bergauf, passiert die drei kleinen Tunnel Alt Senntumstafel-Tunnel III bis I (80 m + 79 m + 36 m) und fährt über die berühmte Steffenbachbrücke (36 Meter). Diese weltweit einmalige, rund 32 t schwere Brückenkonstruktion von 1925 besteht aus drei Teilen, die eingeklappt werden können, um auf den Widerlagern zu ruhen. Zum Saisonende wird die Brücke jedes Jahr auf diese Weise ab- und vor der Betriebsaufnahme im Frühjahr wieder aufgebaut. Diese Konstruktion war nötig geworden, da Lawinen die Vorgängerbauten immer wieder beschädigt und sogar zerstört hatten. Das Tal wird nun wieder etwas weiter und über Alpweiden, gesäumt von den hohen Bergen, geht es weiter bergauf. Die Furka-Passstraße, auf der 1964 Szenen für den James-Bond-Film „Goldfinger" gedreht wurden, ist auf der rechten Seite weit oben zu sehen. Kurz vor der Station Tiefenbach endet die Zahnstange. Der Bahnhof bietet neben einem Kreuzungsgleis ein Abstellgleis. Die Dampfloks können hier die Wasservorräte auffüllen. Hinter dem Bahnhof geht es in den nächsten Zahnstangenabschnitt mit 110 ‰ Steigung weiter bergauf. Mit Hilfe des Steinstafel-Viadukts (54 Meter) überquert der Zug erneut die Furkareuss und wechselt an den in Fahrtrichtung rechten Talhang. Nächster Bahnhof ist Furka mit Kreuzungsgleis, kurzen Abstellgleisen sowie einer Drehscheibe. Die originalen FO-Loks dürfen auch Schornstein voraus talwärts fahren, alle anderen Maschinen müssen mit dem Schornstein voran in Richtung Steigung stehen und können hier gedreht werden. Hinter dem Bahnhof beginnt

Lok 4 auf der Drehscheibe im Depot von Realp. Foto: Christian Jummrich

Streckenverlauf der Furka-Bergstrecke. Karte: Anneli Nau

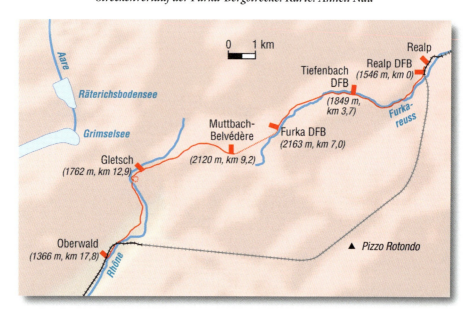

Lok 4 steht mit einem Personenzug am 9.7.2021 abfahrbereit im DFB-Bahnhof Realp.
Foto: Christian Jummrich

Lok 1 überquert am 13.8.2016 die Steffenbach-Klappbrücke unterhalb von Tiefenbach.
Foto: Beat Moser, DFB-Bildarchiv

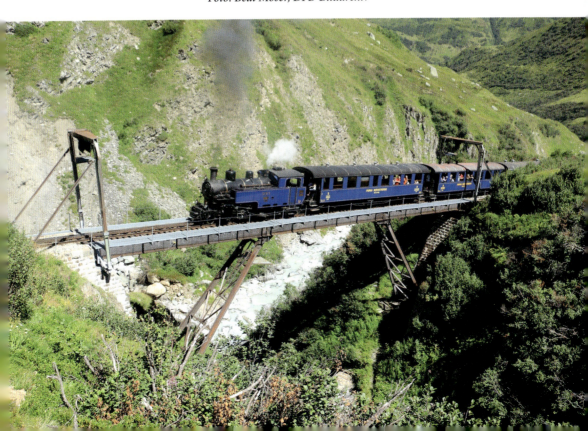

Lok 4 ist im Frühjahr bei noch winterlicher Umgebung mit einem Arbeitszug zur Vorbereitung der Strecke auf die neue Saison im Einsatz und im Bahnhof Furka zu sehen. Foto: Werner Hardmeier

Links oben: Einfahrt eines Personenzuges mit Lok 704 in den Bahnhof Tiefenbach. Der Bahnhof selbst besitzt keine Zahnstange. Diese endet kurz vor dem Bahnhof. Foto: Christian Jummrich

Links unten: Luftaufnahme von der Pass-Straße aus auf Lok 4 bei der Ausfahrt aus Tiefenbach in Richtung Furka. Foto: Christian Jummrich

der 1.874 Meter lange Furka-Scheiteltunnel, in dem die Züge die Grenze zwischen den Kantonen Uri und Wallis passieren. Die ersten 600 Meter im Tunnel geht es zunächst noch mit 2,5 ‰ bis zum Scheitelpunkt bergauf, dann fällt die Strecke mit bis zu 35 ‰. Kurz nach dem Ende des Tunnels liegt der Bahnhof Muttbach-Belvédère mit Kreuzungsgleis und einem Abstellgleis. Hier ist eine kleine Diesellok stationiert, die bei allen Dampfzügen in Richtung Realp als Schlusslok dient, um bei einem Liegenbleiben des Zuges diesen schnell aus dem Tunnel ziehen zu können. Hinter der Ausfahrweiche geht es in Richtung Gletsch in den nächsten Zahnstangenabschnitt, der mit 118 ‰ auch das stärkste Gefälle aufweist. Gut zu erkennen ist rechts die Fläche, über die sich einst der Rhone-Gletscher schob. Dieser reichte zu Beginn des 20. Jahrhunderts noch bis ins Tal, war zu Zeiten des Bahnbaus bestens von der Strecke aus zu bewundern und gab dem weltberühmten „Glacier-Express" seinen Namen. Heute ist der Gletscher

*Lok 4 wird nach der Ankunft am 9.7.2021 auf der Drehscheibe im Bahnhof Furka gedreht. Drehscheiben befinden sich in Realp, Furka, Gletsch und Oberwald.
Foto: Christian Jummrich*

*Lok 6 steht im Kreuzungsbahnhof Muttbach-Belvédère. Die obligatorische Schlusslok zur Weiterfahrt durch den Furka-Scheiteltunnel hängt schon am Zug.
Foto: Urs W. Züllig, DFB-Bildarchiv*

nur noch vom Hotel Belvédère von der Furka-Passstraße aus zu sehen und wird bis 2100 wohl ganz verschwunden sein. Die Bahnstrecke überquert zwischen Muttbach-Belvédère und Gletsch die Passstraße. Hierzu musste die Zahnstange bei den Arbeiten zur Wiederinbetriebnahme 1998 unterbrochen werden, weshalb kurze Abschnitte vor und hinter dem Bahnübergang eine etwas stärkere Steigung aufweisen. Kurz vor dem Bahnhof Gletsch endet der Zahnstangenabschnitt. Der Bahnhof Gletsch ist der größte Unterwegsbahnhof der Museumsbahn mit drei Durchgangsgleisen, einer zweiständigen Remise, einer Drehscheibe und zwei kurzen Abstellgleisen sowie einem Wasserkran. Die nur im Sommer bewohnte Siedlung ist überschaubar und besteht im Wesentlichen aus dem Hotel Glacier du Rhône an der Verzweigung der Straßen über den Furka- und den Grimsel-Pass. Nach Verlassen des Bahnhofs folgt ein weiterer spektakulärer Abschnitt: Nachdem sich der Zug wieder in die Zahnstange eingeklinkt hat, muss ein Gefällsbruch mittels eines 578 Meter langen Kehrtunnels überwunden werden. Direkt an der Tunnelausfahrt wird auf dem Rottenviadukt (25 Meter) die Rhone überquert und die Bahn fährt von nun an auf der rechten Talseite durch Lärchenwälder talwärts. Kurz vor Oberwald im Goms gibt es einen Bahnübergang mit absenkbarer Zahnstange. Im Endpunkt Oberwald DFB gibt es ein Bahnsteig- und ein Umfahrgleis, zwei kurze

SCHWEIZ

Abstellgleise, eine Drehscheibe sowie Wasserkräne. Wie in Realp existiert auch hier ein Verbindungsgleis zu den Bahnanlagen der MGB.

Die Saison beginnt meist gegen Ende Juni und endet Ende September. Gefahren wird Donnerstag bis Sonntag. An den regulären Fahrtagen startet ein Dampfzug um 10:20 Uhr in Realp und befährt die Gesamtstrecke nach Oberwald und zurück. Die Fahrzeit der Dampfzüge beträgt je Richtung zwei Stunden und 15 Minuten inklusive 25 Minuten Aufenthalt im Bahnhof Furka. Eine zweite Dampflok fährt am Donnerstagnachmittag nach Oberwald. Freitag und Samstag absolviert sie mit Abfahrt Oberwald um 10:50 Uhr eine komplette Tour bis Realp und retour. Am Sonntag kehrt der Zug nach Realp zurück. Während die Wagen des zweiten Zuges am Freitag- und Samstagabend in Oberwald bleiben, übernachtet die Lokomotive in der Remise in Gletsch. Zusätzlich zu den Dampfzügen gibt es als „Wanderexpress" noch einen Dieselzug, der Realp vor dem ersten Dampfzug verlässt, nach dem letzten zurück-

Dampflok HG 2/3 Nr. 6 ist am 9.9.2010 auf dem Rhoneviadukt unterhalb von Gletsch auf Bergfahrt. Rechts neben der Lok ist leicht angeschnitten das verschließbare Tor des Kreiskehrtunnels zu sehen, in den der Zug gleich einfahren wird.
Foto: Beat Moser, DFB-Bildarchiv

Ansicht des Bahnhofs Oberwald vom 9.7.2021. An diesem Tag ist die Strecke zwischen Oberwald und Gletsch nicht befahrbar. Grund ist ein Erdrutsch nach heftigen Regenfällen der vergangenen Nacht, der an der Strecke oberhalb der abgestellten Wagengarnitur zu erkennen ist. Auch das kann passieren bei einer Bahn im Hochgebirge.
Foto: Christian Jummrich

kehrt und zwischendurch einmal zwischen Oberwald und Gletsch pendelt. Dieser bietet sich nicht nur zum Wandern an, sondern ist auch für Dampflokfans eine gute Möglichkeit, das Auto stehen zu lassen und Fotostandorte abseits der Straße vor den Dampfzügen zu erwandern. Auf der Homepage der Bahn können die Tickets im Voraus gebucht werden, was auf Grund begrenzter Platzkapazitäten in den Dampfzügen auch angeraten ist. Weitere Informationen und Buchungsmöglichkeiten: *www.dfb.ch/de*

Die Geschichte der eingesetzten Dampfloks ist mindestens so spektakulär wie die Bahninfrastruktur und die Landschaft entlang der Strecke: Die Brig-Furka-Disentis-Bahn (BFD), Vorgängerin der FO, beschaffte von der SLM in Winterthur 1913/14 zehn Loks als **Reihe HG 3/4** für den gemischten Zahnrad- und Adhäsionsbetrieb. Die Heißdampf-Maschinen der Bauart 1'Czz h2t (h4v) sind 9.750 Millimeter lang, haben ein Dienstgewicht von 42 t sowie eine Leistung von rund 600 PS/440 kW. Die Höchstgeschwindigkeit liegt bei 45 km/h (Adhäsionsbetrieb) bzw. 20 km/h (Zahnradbetrieb). Die Kuppelachsen sind in einem Außenrahmen gelagert. Ein Bissel-Gestell dient als Vorlaufachse. Die beiden Zahnräder sind in einem separaten Rahmen zwischen der ersten und zweiten Kuppelachse angeordnet. Die vier Zylinder arbeiten beim Befahren der Zahnstangenabschnitte als Verbundtriebwerk. Die beiden größeren Innenzylinder werden dabei als Niederdruckzylinder betrieben und setzen das Zahnradtriebwerk in Bewegung. Das Außentriebwerk hat eine Walschaerts-Steuerung, das Zahnradtriebwerk eine der Bauart Joy. Die Feuerbüchse ist nach hinten geneigt, um auch bei der Fahrt mit dem Schornstein voran im maximalen Gefälle einen ausreichenden Wasserstand über der Feuerbüchsdecke sicherzustellen. Die Loks verfügen über vier Bremseinrichtungen: Gegendruckbremse, Saugluftbremse für Lok und Zug, handbetätigte Bandbremsen, die auf beide Zahnräder wirken, sowie eine Handbremse.

Mit der Elektrifizierung 1941 wurden die Dampfloks entbehrlich und nur noch als Reserve sowie für die Schneeräumung eingesetzt. Einige wurden verkauft, andere zerlegt. Vier Loks gingen 1947 ins heutige Vietnam. 1990 konnten diese Loks in einer spektakulären Aktion von Vereinsmitgliedern in die Schweiz zurückgeholt werden. Dabei handelte es sich um die Loks 1 und 9 sowie um Überreste von den Loks 2 und 8. Die Loks 1 und 9 stehen seit ihrer betriebsfähigen Aufarbeitung 1992/93 im Dampflokwerk Meiningen für den Einsatz auf der Museumsbahn zur Verfügung. Lackiert waren sie zuerst in Kobaltblau. Lok 9 wurde 2013 im Rahmen einer Revision wieder in den Originalzustand von 1914 zurückversetzt und schwarz lackiert. Bei Lok 1 steht ab 2022/23 eine Hauptrevision in der DFB-Dampflokwerkstatt Uzwil an, ihr vorerst letzter Einsatztag war der 10. September 2022.

Ebenfalls im Betriebsbestand der DFB ist Lok 4. Sie überlebte bei der FO als Reserve sowie für Nostalgiefahrten und

Lok 704 mit einem Personenzug am 9.7.2021 im Bahnhof Tiefenbach. Foto: Christian Jummrich

Ansicht des Führerstands von Lok 4. Foto: Christian Jummrich

wurde erst 1972 abgestellt. 1988 holte sie der Oberwalliser Eisenbahn-Amateur-Klub vom Denkmalsockel in Brig, arbeitete sie betriebsfähig auf und setzte sie für Sonderfahrten ein. 1997 kam sie leihweise an den Furka-Pass, 2010 wurde sie der DFB geschenkt.

Mit Lok 3 ist bei der Museumsbahn Blonay – Chamby eine weitere HG 3/4 in der Schweiz betriebsfähig erhalten, wird dort aber im reinen Adhäsionsbetrieb eingesetzt. Sie wurde 1969 der Museumsbahn geschenkt.

Für die Bespannung von leichteren Zügen sind die kleineren Loks der **Reihe HG 2/3** Nr. 6 und 7 der Bauart Bzz1' h2(4)t mit einer Leistung von rund 475 PS/350 kW vorhanden. Die Höchstgeschwindigkeit ist für den Betrieb bei der DFB auf 30 km/h (Adhäsion) bzw. 12 km/h (Zahnradbetrieb) festgesetzt. Acht Stück wurden 1902 und 1906 durch die SLM für die Visp-Zermatt-Bahn (VZ) gebaut und durch diese bis zur Elektrifizierung der VZ 1929 eingesetzt. Sie besitzen separate Antriebe für den Adhäsions- und den Zahnradbetrieb, die beide mit Frischdampf arbeiten. Lok 6 überlebte bei einem Chemiebetrieb und war ab 1961 Denkmal in Chur. Seit 1989 ist sie als kohlegefeuerte Lok für die DFB im Einsatz. Die Nr. 7 verblieb bei der VZ bzw. später Brig-Visp-Zermatt-Bahn (BVZ) als fahrdrahtunabhängige Reserve und für Nostalgiefahrten. Seit 2001 besitzt sie eine von der DLM AG eingebaute Leichtölfeuerung. Seit 2010 ist sie leihweise bei der DFB stationiert, die sie 2018 übernehmen konnte. Derzeit steht sie in Gletsch im Lokschuppen abgestellt und benötigt eine neue Revision.

Die stärksten Dampfloks sind die beiden **HG 4/4** Nr. 704 und 708. Diese Dzz h2t (h4v)-Maschinen haben eine Länge von 8.950 Millimetern, ein Dienstgewicht von 45,9 t sowie eine Leistung von rund 800 PS/590 kW. Die Höchstgeschwindigkeit liegt bei 45 km/h (Adhäsionsbetrieb) bzw. 15 km/h (Zahnradbetrieb). Die Loks haben einen Antrieb nach dem System Winterthur. Vier Zylinder sind gut zugänglich waagerecht an der Außenseite des Rahmens angeordnet. Die beiden untenliegenden Zylinder sind die Hochdruckzylinder für den Adhäsionsbetrieb, darüber angeordnet sind die Niederdruckzylinder für den Zahnradantrieb. Bei Zahnradbetrieb arbeiten die Maschinen als Verbundtriebwerk. Die Kraft der Zylinder wird über zwei gekuppelte Zwischengelegewellen mit einer Untersetzung von 1:2 auf die Treibzahnradwellen übertragen. Dadurch können Hoch- und Niederdruckzylinder im Gegensatz zu vielen anderen Verbundlokomotiven auch den gleichen Durchmesser aufweisen. Das Zahnradtriebwerk arbeitet

Frontansicht Lok 4. Foto: Anke Jummrich

Rechts: Lok 1 hat am 16.7.2011 auf der Fahrt nach Oberwald gerade den Kreiskehrtunnel unterhalb von Gletsch verlassen und überquert auf einem Viadukt die Rhone. Foto: Beat Moser, DFB-Bildarchiv

doppelt so schnell und im Vergleich zum Adhäsionstriebwerk in umgekehrter Richtung. Die HG 4/4 wurden in einer Auflage von neun Stück zwischen 1923 und 1930 von der SLM sowie der Maschinenfabrik Esslingen für die Strecke Sông Pha – Đà Lạt gebaut, die 1975 außer Betrieb ging. Einige Loks blieben erhalten und wurden von der DFB zusammen mit den HG 3/4 in Vietnam aufgespürt. Die Loks 704 und 708 wurden 1990 in die Schweiz gebracht. Teile einer dritten Lok (Nr. 706) wurden 1998 nachgeholt. Lok 704 wurde bis 2018 in der Werkstatt Uzwil betriebsfähig aufgearbeitet. Anschließend wurde an der Fertigstellung von Nr. 708 gearbeitet. Deren Aufarbeitung konnte 2023 im Wesentlichen abgeschlossen werden. Seit Ende September 2023 befindet sie sich ebenfalls in Realp. Nach letzten Restarbeiten soll sie ab der Saison 2024 vor den Zügen auf der Bergstrecke im Einsatz sein.

Ein weiteres interessantes Fahrzeug im Bestand der DFB ist die Dampfschneeschleuder Xrotd R12, die von 1913 bis in die 1950er-Jahre für die Rhätische Bahn im Einsatz war. Sie ist seit Dezember 2020 wieder betriebsbereit und wird gelegentlich bei Fotofahrten im Winter auf einem kurzen, nicht lawinengefährdeten Streckenstück ab Realp vorgeführt.

Lok 1067 ist am 7.8.1993 bei Wilderswil auf der Berner-Oberland-Bahn unterwegs. Rechts im Bild sind die Gleise der Schynige-Platte-Bahn zu sehen.
Foto: Thomas Küstner

Lok 1067 kämpft sich am 7.5.1994 bei Lungern den Zahnstangenabschnitt hinauf zum Brünigpass.
Foto: Thomas Küstner

Neben diesen beiden Dampfbahnen gibt es weitere Zahnradbahnen, die im Regelverkehr mit elektrischen Zügen betrieben werden, an ausgewählten Einzeltagen aber eine Dampflok auf die Strecke schicken.

Brünig-Dampfbahn

Die Brünig-Dampfbahn (bis 2021 Ballenberg Dampfbahn) ist ein Verein mit Sitz im Depot in Interlaken Ost, wo er einige historische Fahrzeuge unterhält. Hauptsächlich werden Dampffahrten auf der Brünigbahn angeboten. Die Strecke führt von Luzern über Brünig, Meiringen, Brienz sowie entlang am Brienzer See bis nach Interlaken Ost. Sie ist 74 Kilometer lang und in Meterspur ausgeführt. Im Abschnitt Meiringen – Giswil wird dabei der Brünigpass (Scheitelpunkt bei 1002 m ü. M.) mit vier Zahnstangenabschnitten vom System Riggenbach mit einer Gesamtlänge von 9,3 Kilometern überwunden.

Von 1905 bis 1912 und 1926 lieferte die SLM an die Schweizerischen Bundesbahnen (SBB) insgesamt 18 Exemplare der Bauart Cz n2t (4v) als HG 3/3 für den Einsatz auf der Brüniglinie, die im Depot Meiringen stationiert wurden. Vier weitere solche Maschinen gingen an die Berner-Oberland-Bahn. Die Loks wurden mit einem Antrieb vom System Winterthur für den gemischten Adhä-

SCHWEIZ 75

Lok 1067 rollt am 29.9.1990 von Grindelwald kommend bei Lütschental auf der Berner-Oberland-Bahn talwärts. Foto: Thomas Küstner

SLM-Werksaufnahme aus dem Jahr 1905 von der HG 3/3 Nr. 1052 für die SBB. Foto: Schweizerische Lokomotiv- und Maschinenfabrik Winterthur (SLM) –
Scan aus Claude Jeanmaire, *Die schmalspurige Brünigbahn (SBB)*. Verlag Eisenbahn, Villingen 1982, Gemeinfrei, https://commons.wikimedia.org/w/index.php?curid=2171921

Streckenverlauf der Brünigbahn. Karte: Anneli Nau

Lok 1067 am 24.8.1997 bei Kaiserstuhl auf der Brünigbahn. Foto: Thomas Küstner

sions- und Zahnradbetrieb konzipiert. Die Höchstgeschwindigkeit liegt bei 40 km/h (Adhäsionsbetrieb) bzw. 13 km/h (Zahnradbetrieb). Von diesen 7.540 Millimeter langen Nassdampf-Loks mit einem Dienstgewicht von 31,6 t sind heute noch vier erhalten. Nach der Aufnahme des elektrischen Betriebs auf der Brünigbahn 1941 wurden die meisten HG 3/3 bis 1949 ausgemustert. Zwei Maschinen gingen 1949 an die Thessalischen Eisenbahnen in Griechenland und waren im Hafen von Volos bis in die 1970er-Jahre mit ausgebautem Zahnradtriebwerk im Rangierdienst zu finden. Zumindest Lok 1058 hat im schrottreifen Zustand dort überlebt. Lok 1063 steht seit 1957 im Verkehrshaus Luzern und ist teilweise aufgeschnitten, um Einblicke in die Dampfloktechnik zu ermöglichen. Die HG 3/3 Nr. 1065, 1067 und 1068 blieben als Reserve, für die Schneeräumung und als Rangierloks in Meiringen sowie Interlaken Ost bis 1965 im SBB-Bestand. Sie schieden erst 1965 aus dem Bestand aus. Die Loks 1067 und 1068 haben überlebt.

Die 1067 kam ab 1972 durch den Verein „Ballenberg Dampfbahn" bei Sonderfahrten zum Einsatz, ist derzeit allerdings außer Betrieb. Die Lok 1068 wurde im Jahr 2000 vom Denkmalsockel in Meiringen geholt, wo sie seit 1966 aufgestellt war. In Landquart erhielt sie eine Aufarbeitung. Am 31. März 2022 stand sie in Landquart das erste Mal wieder unter Dampf und kam im Mai 2022 nach Interlaken zurück. Die Dampflok-Sonderfahrten bis Meiringen (mit einer der Tallokomotiven oder der HG 3/3 1068) sowie ab Meiringen über die Zahnstangenabschnitte (mit HG 3/3 1068) finden an ausgewählten Terminen im Jahr statt und sind auf der Homepage des Vereins zu finden:
www.bruenig-dampfbahn.ch

Lok 2 ist am 10.7.2022 unterhalb von Bellavista auf Bergfahrt zu sehen. Auf Grund von Personalmangel und Waldbrandgefahr war diese Fahrt leider der einzige Einsatz der Dampflok im Jahr 2022. Foto: Patrick Rudin

Ferrovia Monte Generoso

Die Zahnradbahn von Capolago am Luganer See hinauf auf den Monte Generoso überwindet auf 8,99 Kilometern an Strecke mit Hilfe des Zahnradsystems Abt einen Höhenunterschied von 1.328 Metern bei einer maximalen Steigung von 220 ‰. Die von der Ferrovia Monte Generoso SA betriebene Strecke wurde am 4. Juni 1890 eröffnet und wird seit 1982 elektrisch betrieben. Die Bahn sollte nach der vorläufigen Betriebseinstellung im Jahr 1939 eigentlich abgebrochen werden. Der Gründer des Migros-Handelskonzerns, Gottlieb Duttweiler, erfuhr davon, kaufte die Bahn spontan und gründete eine Genossenschaft, welche die Strecke noch heute betreibt. Gefahren wird von Ende März bis Ende Oktober. Bei schönem Wetter wird mit zwei Zuggarnituren ein Stundentakt angeboten. Bei schlechtem Wetter können Fahrten ausfallen und im Extremfall verkehrt sogar nur ein Zugpaar. Die Strecke beginnt in Capolago Lago (273 m ü. M.) am Luganersee im schweizerischen Kanton Tessin. Die meisten Züge starten allerdings rund 300 Meter entfernt am Haltepunkt Capolago-Riva S.Vitale. Auf dem kurzen Stück zwischen beiden Stationen zweigen die Gleise zur Wagenhalle sowie zur Werkstatt ab. Ein kleines Schaustück am Bahnhof Capolago Lago informiert über die vier gebräuchlichsten Zahnstangensysteme.

Nach dem Bahnhof wendet sich die Bahn nach links, überquert die Gotthard-Strecke und führt im Wald bergauf. Ist der 167 Meter lange San-Nicolao-Tunnel durchfahren, wird die gleichnamige Haltestelle erreicht und die Strecke führt von nun an nach Norden an der dem See abgewandten

Streckenverlauf der Ferrovia Monte Generoso. Karte: Anneli Nau

Ein Triebwagen der Bahn befindet sich am 20.9.2022 auf Talfahrt vom Monte Generoso zurück nach Capolago. Foto: Matthias Koch

Lok 2 beim Wasserhalt in Bellavista. Foto: Werner Hardmeier

In Bellavista bleibt auch etwas Zeit für einen kleinen Plausch. Foto: Werner Hardmeier

Bergflanke weiter hinauf. In San Nicolao und im nächsten Bahnhof Bellavista gibt es ein Kreuzungsgleis. Bis zum Gipfel durchfahren die Züge vier weitere kurze Tunnel. Hinter Bellavista wird die Strecke freier. Am Zielbahnhof Generoso Vetta (1601 m ü. M.) angekommen kann man das 2017 neu erbaute Bergrestaurant „Fiore di pietra" besuchen oder auf dem Gipfel die Aussicht auf die Tessiner Bergwelt und mehrere Seen genießen.

Die Anfangsausstattung bildeten sechs Zahnraddampflokomotiven H 2/3 (Typ 1) der SLM mit der Bauart 2zz1' n2t.

Es waren die ersten, die von diesem mit rund 40 Exemplaren weit verbreiteten Typ gebaut wurden. Vier weitere, fast baugleiche Maschinen kamen in den 1940er- und 1950er-Jahren von der Chemin de fer Glion-Rochers-de-Naye (bezeichnet als Nr. 7 bis 9 sowie 1 in Zweitbesetzung). Die Loks 1 und 3 aus der Anfangsausstattung wurden bereits 1941 verschrottet, Nr. 5 und 6 in den Jahren 1953 und 1954 in Dieselloks umgebaut. Bis 1968 ersetzten die Dieselloks und neue Triebwagen schrittweise alle Dampfloks. Lok 7 wurde 1962 an die BRB weitergegeben, alle anderen bis auf Lok 2 verschrottet.

Diese war ab 1962 für rund 20 Jahre als Denkmallok in Capolago aufgestellt, bevor sie 1985 wieder in Betrieb genommen wurde. Seither verkehrt sie an wenigen ausgewählten Samstagen und Sonntagen von Juni bis Anfang September bei schönem Wetter und ausreichenden Voranmeldungen mit einem zusätzlichen Nostalgiezugpaar. 2024 müssen die Nostalgiefahrten pausieren. Die Dampflok befindet sich von Herbst 2023 bis Frühjahr 2025 in einer Werkstatt in Goldau zur Revision. Weitere Informationen:
www.montegeneroso.ch/de/monte-generoso/bahn

Lok 2 steht im Lokschuppen fertig angeheizt für den Dienst bereit. Foto: Luca Crivelli,
Sammlung Ferrovia Monte Generoso SA

Lok 17 ist am 18.1.1997 mit einem offenen und einem geschlossenen Vorstellwagen unterwegs bei Rigi Kaltbad. Foto: Thomas Küstner

Rigi-Bahnen

Zwischen dem Vierwaldstättersee und dem Zuger See liegt das Rigi-Bergmassiv. Zum Bahnhof Rigi Kulm (1797,5 m ü. M.) führen gleich zwei Zahnradbahnen des Systems Riggenbach, in einer Spurweite von 1.435 Millimetern ausgeführt: Ab Vitznau als Vitznau-Rigi-Bahn (VRB – erster Abschnitt am 21. Mai 1871 als erste Bergbahn Europas eröffnet, vollständig in Betrieb seit 1873, 6,8 Kilometer Streckenlänge) und ab Arth-Goldau die Arth-Rigi-Bahn (ARB – eröffnet 1875, 8,55 Kilometer Streckenlänge). Ab Rigi Staffel verlaufen die einstmals konkurrierenden Bahnen parallel zueinander. Seit 1992 gehören beide zur Rigi-Bahnen AG. Beide Strecken werden ganzjährig mit elektrischen Triebwagen befahren. Die ARB ist bereits seit 1907 elektrifiziert, die VRB folgte 1937.

Die VRB-Strecke beginnt in Vitznau (435 m ü. M.) unweit der historischen Schiffsanlegestelle am Vierwaldstättersee. Hier befindet sich ein modernes Depot mit Werkstatt, dessen Gleise über eine Drehscheibe mit den beiden Bahnsteiggleisen verbunden sind. Am Ortsrand entlang, vorbei an Wiesen, Wäldern, Siedlungen sowie Almen gewinnt die Bahn an Höhe. Zwischen Freibergen und Rigi Kaltbad-First ist die Strecke zweigleisig ausgeführt, bevor es ab dort bis Rigi Staffel eingleisig weitergeht. Unterwegs wird ein kurzer Tunnel durchfahren sowie die 80 Meter lange Schnurtobelbrücke passiert. In Rigi Staffel

SCHWEIZ

(1603 m ü. M.) trifft die Strecke auf die der ARB. Die Verbindungsweichen gibt es aber erst seit 1992. Weiter geht es nun zweigleisig die letzten reichlich 800 Meter bis Rigi Kulm (1752 m ü. M.). Bis zum höchsten Punkt der „Königin der Berge" auf 1798 m ü. M. ist es zu Fuß von dort aus nicht mehr weit.

Die ARB-Strecke startet in Arth-Goldau (519 m ü. M.) von einem historischen Hochperron oberhalb der SBB-Gleise. In Fahrtrichtung links sind Abstellgleise, der Anschluss zur SBB sowie das Depot mit Schiebebühne zu sehen. Zuerst durch den Ort und später über Wiesen geht es bergauf bis Kräbel. Ab hier verläuft die Strecke oft im Wald, bevor die Landschaft ab Rigi-Klösterli wieder freiere Ausblicke erlaubt. In Rigi Staffel treffen beide Bahnen aufeinander und verlaufen von nun an parallel bis Rigi Kulm. Bis Rigi Staffel ist die Strecke eingleisig, bis auf den Haltepunkt Goldau A4 sind aber alle Bahnhöfe mit Kreuzungsgleisen ausgerüstet. Unterwegs werden zwei kurze Tunnel passiert.

An ausgewählten Tagen gibt es Nostalgiefahrten mit Dampfloks ab Vitznau oder Arth-Goldau. Hierfür stehen die Maschinen Nr. 16 und 17 (Bauart 2zz1' h2t, Baujahre 1923 und 1925, Hersteller SLM, Länge 7.050 mm, Dienstgewicht 24,3 t, Leistung rund 460 PS/340 kW) bereit. Die Fahrten finden meist ein- bis zweimal im Monat (auch in den Wintermonaten) statt.

Ein weiteres Schmuckstück ist die Lok 7. Die Werkstätte Olten der Centralbahn lieferte 1870 sechs 2z n2t-Dampf-

Lok 7 ist am 23.5.2021 auf Bergfahrt auf die „Königin der Berge", wie die Rigi auch genannt wird. Foto: Sascha Krähenbühl, Sammlung RIGI BAHNEN AG

Links: Lok 16 steht am 31.1.2021 bei schönstem Winterwetter mit den Vorstellwagen 1 und 15 auf dem Gipfelbahnhof Rigi Kulm zur Rückfahrt bereit.
Foto: Franz Geisser, Sammlung RIGI BAHNEN AG

loks der Reihe RB H 1/2 mit stehendem Kessel für die VRB, 1873 folgten vier weitere von der SLM. Die heute erhaltene Lok 7 ist die allererste von der SLM gebaute Dampflok (Fabrik-Nr. 1, Länge 6.400 mm, Dienstgewicht 15,1 t). Die Höchstgeschwindigkeit liegt bei 7 km/h. Später wurden alle Loks mit einem liegenden Kessel ausgestattet. Zwischen 1913 und 1937 wurde die Reihe ausrangiert. Nr. 7 überlebte, erhielt 1938 ihren stehenden Kessel zurück, gehört seit 1959 zum Bestand des Verkehrshauses in Luzern und wird

Streckenverlauf der Rigi-Bahnen.
Karte: Anneli Nau

Lok 7 kehrte zum 150-jährigen Bestehen der VRB aus dem Verkehrshaus Luzern leihweise zurück auf die Rigi-Bahnen. Am 15.9.2020 wurde sie von Luzern per Schiff über den Vierwaldstättersee nach Vitznau gebracht. Foto: Verkehrshaus der Schweiz, Sammlung RIGI BAHNEN AG

Die Loks Nr. 16 und 17 sind im Rahmen der Fahrzeugparade zum 150-Jahre-Jubiläum der Rigi-Bahnen am 22.5.2021 bei Rigi Staffel auf Parallelfahrt. Foto: Franz Geisser, Sammlung RIGI BAHNEN AG

Lok 7 steht am 17.6.1996 auf der Drehscheibe im Bahnhof Vitznau, gelegen direkt an der Schiffsanlegestelle am Vierwaldstätter See. Foto: Thomas Küstner

hier ausgestellt. Zum 125-jährigen Bestehen der VRB wurde sie betriebsfähig aufgearbeitet und durfte 1996/1997 sowie 2008/2009 ihren Standplatz im Museum verlassen, um auf beiden Rigi-Strecken zu fahren. Zum 150-Jährigen der VRB kehrte sie erneut in den Einsatz zurück. Mitte September 2020 wurde sie per Schiff von Luzern nach Vitznau transportiert und befördert seit 2021 wieder Sonderzüge. Besonderheit ist, dass man nicht nur im Vorstellwagen Platz nehmen kann, sondern auch Plätze im kleinen Körbchen vor dem Kessel der Lok gebucht werden können.

Für alle Dampfzugfahrten ist eine Vorbuchung dringend empfohlen. Weitere Informationen zu den Bahnen und den Dampfzügen: www.rigi.ch/erleben/bergbahnen

Lok 7 am 30.5.1996 bei Rigi Kulm. Foto: Thomas Küstner

Lok 4296 wartet vor dem Heizhaus im Bahnhof von Tisovec auf die nächste Fahrt. Foto: Werner Hardmeier

Fotozug mit 40.006 auf dem Viadukt pod Dilom am 31.10.2021. Foto: Dietmar Kramer

Zahnradbahnen mit Dampflokeinsätzen
7. Slowakei

Podbrezová – Tisovec

Auf der 41,8 Kilometer langen, normalspurigen Bahnstrecke Podbrezová – Tisovec in der Slowakei gibt es zwischen den Stationen Zbojská und Tisovec-Bánovo zwei insgesamt 5,84 Kilometer lange Zahnstangenabschnitte System Abt mit Steigungen bis zu 50 ‰. Die Züge passieren fünf größere Brücken (u. a. der Čertov-Viadukt mit 105 m Länge und der Viadukt Pod Dielom mit 175 m) sowie den 770 Meter langen Tisovecký-Tunnel. Die Bahnstrecke wurde 1896 vor allem zur Anbindung der Eisenwerke in Tisovec, Podbrezová und Hronec errichtet. Im Regelverkehr kommen Dieseltriebwagen der Železnice Slovenskej republiky (ŽSR, Slowakische Staatsbahn) im Adhäsionsbetrieb zum Einsatz. Die Zahnstange ist aber noch vorhanden, die Strecke seit 2008 nationales Kulturdenkmal. Von den vier ursprünglich hier eingesetzten Dampfloks der Reihe 403 (Reihe MÁV TIVb, Hersteller Wiener Lokomotivfabrik Floridsdorf, Baujahre 1896 bis 1900, Bauart Dzz2' n2(4)t) ist keine mehr erhalten. Seit Oktober 2014 gibt es aber dennoch an ausgewählten Tagen Dampflokfahrten zwischen Tisovec und Zbojská mit der rumänischen Zahnraddampflok 4296 (40.006).

Die Lok mit der Bauart 1'Dzz1' n2(4)t gehört zur Reihe TIVc der ungarischen Staatsbahn MÁV (später bei der rumänischen Staatsbahn CFR als Reihe 40 bezeichnet), von der 1908 die Wiener Lokomotivfabrik Floridsdorf sieben Stück fertigte. Die 11.376 Millimeter lange Maschine mit einem Dienstgewicht von 48 t hat ein Außentriebwerk für den Adhäsionsbetrieb sowie ein davon unabhängiges Zahnradtriebwerk innerhalb des Lokrahmens. Beide Triebwerke

Auszug des Streckenverlaufs der Bahnstrecke Podbrezová – Tisovec. Karte Anneli Nau

SLOWAKEI

arbeiten mit Frischdampf und werden mittels einer Heusinger-Steuerung angesteuert. Die beiden Laufachsen der vierfach gekuppelten Dampflok sind als Adams-Achsen ausgebildet. Die Höchstgeschwindigkeit liegt bei 40 km/h (Adhäsionsbetrieb) bzw. 12 km/h (Zahnradbetrieb). Ende 2002 wurden von der ehemaligen Bahnstrecke Caransebeş – Bouşari – Subcetate (siehe Kap. 8) 40.003 sowie 40.006 in die Slowakei geholt und zunächst in Bratislava hinterstellt. Von Anfang an war die Aufarbeitung einer Maschine für den Einsatz in Tisovec vorgesehen. 2005 wurden beide Loks nach Vrútky überstellt. 40.006 wurde hier von der Firma OKV, s. r. o. Martin bis 2014 betriebsfähig restauriert und mit ihrer alten MÁV-Nummer 4296 beschriftet. Dabei wurden auch Teile der 40.003 verwendet. Die Dampffahrten finden zwischen Mai und September an ausgewählten Wochenenden statt, wobei pro Tag jeweils zwei Zugpaare gefahren werden. In der Saison 2023 wurden wegen Arbeiten an der Dampflok die Fahrten allerdings mit Dieselfahrzeugen durchgeführt. Weitere Informationen: www.zubacka.sk

Lok 40.006 ist beim Umsetzen in Zbojská zu sehen. Foto: Dietmar Kramer

*Zeit für einen kleinen Plausch in Zbojská.
Foto: Dietmar Kramer*

*Links: 40.006 müht sich am 31.10.2021 bei Zbojská im Zahnstangenabschnitt bergauf.
Foto: Dietmar Kramer*

*Das rechte Bild ist außerhalb der Zahnstangenabschnitte. Genauer gesagt kurz hinter dem 770 Meter langen „Tisovecký Tunel".
Foto: Dietmar Kramer*

8. Weitere erhaltene Zahnraddampflokomotiven

Deutschland

Auf den vier in Deutschland heute noch betriebenen Zahnradbahnen (Drachenfelsbahn, Stuttgarter „Zacke", Bayerische Zugspitzbahn sowie Wendelsteinbahn) gibt es keine Einsätze von Dampflokomotiven. Erhalten geblieben ist aber eine Dampflok der **Drachenfelsbahn** (1.000 mm, System Riggenbach, 1,52 km Länge, Höhenunterschied 220 m, Eröffnung 1883). Sie führt im Siebengebirge von Königswinter aus dem Rheintal vorbei an Schloss Drachenburg auf den Drachenfels. Im Laufe der 1950er-Jahre wurden Elektrotriebwagen angeschafft, welche die Dampfzüge sukzessive ersetzten und die bis heute eingesetzt werden. Am 14. September 1958 kam es zu einem schweren Unfall: Eine Dampflokomotive entgleiste durch überhöhte Geschwindigkeit auf Grund eines Bremsversagens. Daraufhin wurde der verbliebene Dampfbetrieb eingestellt. Heute noch vorhanden ist die Dampflok Nr. 2 (Zweitbesetzung, Bauart 2zz1' h2t, Baujahr 1927, Maschinenfabrik Esslingen AG), die bis Herbst 1958 im Einsatz war. Seit 1968 ist sie am Talbahnhof in Königswinter als Denkmal aufgestellt. 2005 wurde sie äußerlich aufgearbeitet und eine Überdachung errichtet. Die Lok entstammt einer Serie von fünf Maschinen, die Ende der 1920er-Jahre angeschafft wurden.

Erwähnt werden soll an dieser Stelle die als **Rübelandbahn** bezeichnete Bahnstrecke Blankenburg – Tanne. Die Halberstadt-Blankenburger Eisenbahn (HBE) eröffnete bis 1886 die rund 30 km lange Strecke in den Harz, die auf rund 7,5 Kilometern Länge mit elf Zahnstangenabschnitten versehen war. Hierbei wurde zum ersten Mal das System Abt angewendet. Die HBE war auch eine der ersten Bahnen, die den Zahnradbetrieb zu Gunsten des ausschließlichen Adhäsionsbetriebes einstellte. Der aufwendige Betrieb einer Zahnradbahn, Kapazitätsengpässe und die Notwendigkeit neuer Fahrzeuge führten in den Jahren 1919 bis 1921 zur Beschaffung der 1'E1'-Tenderlokomotiven der sogenannten „Tierklasse". Die von Borsig gebauten Loks MAMMUT, WISENT, BÜFFEL und ELCH waren in der Lage, auch im Adhäsionsbetrieb die Zahnstangenabschnitte sicher und mit größerer Last zu befahren. Die Staatsbahn wurde schnell auf die Maschinen aufmerksam und leitete aus den Loks die preußische T20 (ab 1925 bei der Deutschen Reichsbahn: Baureihe 95) ab. An ausgewählten Terminen werden seit 2010 sogar wieder Sonderfahrten von Blankenburg nach Rübeland mit 95 027 (Baujahr 1923, Hanomag) angeboten (weitere Informationen: *www.arbeitsgemeinschaft-ruebelandbahn.de*).

Lok 2" der Drachenfelsbahn steht seit 1968 am Talbahnhof in Königswinter bei Bonn als Denkmal aufgestellt. Foto: Christian Jummrich

Die Rübelandbahn steht symbolisch für die Umstellung so mancher Zahnradbahn auf Adhäsionsbetrieb. Am Alten Bahnhof in Rübeland wird 95 6676 („MAMMUT", Baujahr 1919, Borsig) des Verkehrsmuseums Dresden von Harzer Eisenbahnfreunden gepflegt und mit etwas Glück ist sie wie am 8.12.2013 zusammen mit 95 027, die bei Sonderfahrten zum Wassernehmen hierherkommt, zu sehen. Foto: Christian Jummrich

*Historische Aufnahme der 97 501 im Einsatz auf der Zahnradbahn Honau – Lichtenstein.
Foto: Carl Bellingrodt, Sammlung Guus Ferree*

Die **Baureihe 97.5** wurde von 1922 bis 1925 in vier Exemplaren von der Maschinenfabrik Esslingen gebaut. Die Loks 97 501 bis 504 kamen auf der normalspurigen Strecke Reutlingen – Münsingen zum Einsatz, die zwischen Honau und Lichtenstein einen 2,2 km langen Zahnstangenabschnitt vom System Riggenbach aufwies. Die Loks der Bauart Ez h2t (4v) sind gemischte Adhäsions- und Zahnradlokomotiven vom System Winterthur. Die Maschinen haben eine Länge von 11.950 Millimetern und ein Dienstgewicht von 74,9 t. Im Zahnradbetrieb betrug die zulässige Höchstgeschwindigkeit 10 km/h, sonst 50 km/h. 1962 erfolgte die Ablösung durch Schienenbusse. Während 97 503 bereits 1956 ausgemustert, als Ersatzteilspender verwendet und später verschrottet wurde, blieben die anderen drei Loks erhalten. 97 501 war an verschiedenen Orten aufbewahrt worden, wurde 1978 von einem Privatmann als Denkmal in Obernzell bei Passau aufgestellt und konnte 1985 vom Verein der Freunde der Zahnradbahn Honau – Lichtenstein (ZHL) erworben und bis 2012 wieder betriebsfähig aufgearbeitet werden. Sie hat zwar den Zahnradantrieb zurückbekommen, allerdings ist das Zahnrad selbst nicht eingebaut. Die Lok wird im reinen Adhäsionsbetrieb eingesetzt, da es die alte Zahnradstrecke heute nicht mehr gibt. Zum 21. Mai 2022 konnte eine erneute Hauptuntersuchung erfolgreich mit Kesseldruckprobe sowie einer Probefahrt abgeschlossen werden (weitere Informationen: *www.zhl.de*). 97 502 wurde nach der Ausmusterung an die Maschinenfabrik Esslingen verkauft und mit einer weiteren Dampflok ab 1963 als Denkmal auf dem Werksgelände aufgestellt. Nach der Übernahme der Firma durch die Daimler-Benz AG ging die Lok 1976 als Leihgabe an das Eisenbahnmuseum in Bochum-Dahlhausen. 97 504 wurde u. a. in Horb, Freudenstadt und Kornwestheim aufbewahrt, bevor sie im Sommer 1988 nach Berlin in das Museum für Technik und Verkehr (heute Deutsches Technikmuseum) überstellt wurde.

Historische Aufnahme eines Reisezuges mit zwei Loks der Reihe 97 als Zug- und Schiebelokomotive auf der bosnischen 760-mm-Bahnstrecke Lašva–Donji Vakuf im Zahnstangenabschnitt über den Komarsattel bei der Bergfahrt.
Foto: Autor/-in unbekannt, Gemeinfrei,
https://commons.wikimedia.org/w/index.php?curid=51652355

Im Mai 2019 gab 97 501 ein Gastspiel auf der Strohgäubahn Korntal – Weissach und ist am 5.5.2019 bei Weissach mit dem Museumszug der „Gesellschaft zur Erhaltung von Schienenfahrzeugen Stuttgart e. V." unterwegs. Foto: Michael Ulbricht

Die bosnische Reihe BHStb IIIc5

Die Zahnraddampflokomotiven der Reihe BHStb IIIc5 der Bosnisch-Herzegowinischen Staatsbahnen (BHStb) bzw. deren Nachfolgeorganisationen wurden in 38 Exemplaren von 1894 bis 1919 in mehreren Lieferserien von der Wiener Lokomotivfabrik Floridsdorf gebaut. Die Maschinen der Bauart Czz2' n2(4)st sind sowohl für den Adhäsions- als auch den Zahnradbetrieb nach dem System Abt konstruiert worden und mit einem zweiachsigen Stütztender der Bauart Klose ausgestattet.

Sie haben eine Länge von 10.143 Millimetern, ein Dienstgewicht je nach Lieferserie zwischen 36,5 und 37,5 t und eine Leistung von rund 300 PS/220 kW. Die beiden äußeren Zylinder wirken auf die dritte Kuppelachse. Die beiden inneren Zylinder sind für den Zahnradantrieb zuständig, der innerhalb des Außenrahmens der Lokomotiven angeordnet ist. Beide Triebwerke arbeiten mit einfacher Dampfdehnung. Ausgewählte Maschinen hatten eine Blauölfeuerung. Die Maschinen sind in der bosnischen Spur von 760 Millimetern ausgeführt und waren für das einst umfangreiche, rund 1.500 Kilometer lange Schmalspurbahnnetz in Bosnien bestimmt. Im Einsatz waren sie auf der Narentalbahn (Sarajevo – Metković, 177 km lang, davon insgesamt 25,2 km mit Zahnstange in mehreren Abschnitten zwischen Konjic und Pazarić über den Ivan-Pass auf 876 m ü. A.) sowie auf der Strecke Lašva – Donji Vakuf – Jajce (104,4 km lang, zwischen Travnik und Donji Vakuf Zahnstangenabschnitte mit insgesamt 6,9 km Länge bei 45 ‰ Steigung bis zum Scheiteltunnel auf 779,5 m ü. A. unter dem Komarsattel).

Die Jugoslawischen Eisenbahnen (JŽ) bezeichneten sie später als Baureihe 97 und setzten sie noch bis 5. November 1966 (Ivan-Pass, Umstellung der Strecke auf Normalspur) bzw. bis in die 1970er-Jahre (Komar-Pass, Ablösung ab 1970 durch Dieselloks der Baureihe 740, 1975 Einstellung des Verkehrs) ein. Vier Lokomotiven in vier verschiedenen

97-019 steht ausgestellt in der Lokwelt Freilassing. Foto: Christian Jummrich

Ländern haben überlebt: Die Nr. 719 (97-019) des Deutschen Museums München wird inzwischen in der Lokwelt Freilassing an der Grenze zwischen Deutschland und Österreich präsentiert. 97-028 steht in Slowenien im Eisenbahnmuseum in Ljubljana, 97-029 ist in Österreich beim Club 760 in Frojach hinterstellt. 97-036 verblieb als einzige in Bosnien und Herzegowina und steht in Travnik als Denkmal. Betriebsfähig ist leider keine mehr.

Typenskizze der Reihe IIIc5. Zeichnung: Autor/-in unbekannt - Die Lokomotive, 37. Jahrgang, Nr. 8, Gemeinfrei, https://commons.wikimedia.org/w/index.php?curid=63419211

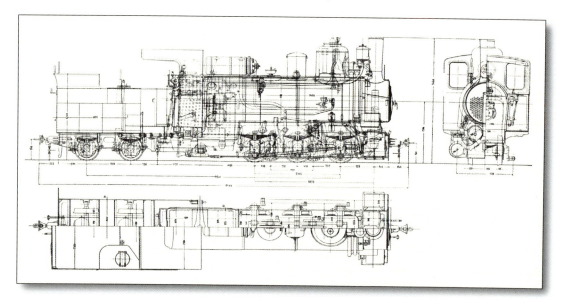

Lok 7 der Chemin de fer du Montenvers ist auf dem Bahngelände in Chamonix abgestellt (August 2018).
Foto: Thomas Küstner

Frankreich

In Frankreich gibt es derzeit keine Zahnraddampfloks im Einsatz zu erleben. Allerdings sind von den beiden Bahnen Chemin de fer du Montenvers (Chamonix – Montenvers, 5,1 km, 1.000 mm Spurweite, Zahnradsystem Strub) sowie Tramway du Mont-Blanc (Saint Gervais-Le-Fayet – Nid d'Aigle, 12,5 km, 1.000 mm Spurweite, Zahnradsystem Strub) noch Dampfloks erhalten.

Die ersten fünf Loks für die Chemin de fer du Montenvers lieferte SLM bereits 1907, sie sind alle verschrottet bzw. zum Schneepflug umgebaut worden. Drei etwas stärkere Loks der Bauart 2zz1' h2t mit rund 280 PS/206 kW Leistung folgten 1923, 1926 und 1927. Sie sind alle erhalten geblieben: Lok 6 in Mouxy als Denkmallok ebenso wie Lok 8 an der Talstation in Chamonix, Lok 7 steht in Chamonix auf dem Bahngelände hinterstellt.

Aus der Anfangsausstattung der Tramway du Mont-Blanc (SLM, 1907 bis 1911, Bauart Bz n4t, rund 180 PS/130 kW, Länge 5.810 mm) sind die Lok 2 (Denkmal im Musée Paysan in Vuiz-en-Sallaz), Lok 3 (Denkmal an der Talstation Saint Gervais-Le Fayet) sowie Lok 4 (Musée des tramways à vapeur et des chemins de fer secondaires français in Valmondois) erhalten.

Lok 3 der Tramway du Mont-Blanc ist als Denkmal nahe der Talstation der Bahn in Saint Gervais-Le Fayet aufgestellt (August 2018).
Foto: Thomas Küstner

Lok 504 war am 10.12.2006 noch betriebsfähig und setzt hier in Madonna di Porto, einer Zwischenstation bei Kilometer 82 der Strecke Cosenza – Catanzaro, um. Foto: Fra.laz, gemeinfrei, https://commons.wikimedia.org/wiki/File:504porto.jpg#/media/Datei:504porto.jpg

Lok 504 der FCL steht am 13.9.2000 in Catanzaro Citta abgestellt. Foto: Thomas Küstner

Italien

In Italien gab es einst rund 20 Bahnen mit Zahnstangenabschnitten, von denen heute nur noch drei übriggeblieben sind. Auf keiner fährt derzeit eine Dampflok. Noch sind allerdings zahlreiche Maschinen vier verschiedener Baureihen erhalten.

Auf der 112,5 Kilometer langen Schmalspurstrecke (Spurweite 950 mm) Cosenza – Catanzaro Lido in Kalabrien, die heute von der Ferrovie della Calabria (FC) betrieben wird, gibt es einen zwei Kilometer langen Zahnstangenabschnitt mit 100 ‰ Steigung vom System Strub zwischen Catanzaro Practica und Catanzaro Sala. Die Strecke Cosenza – Catanzaro Lido wird heute von Triebwagen befahren, wobei das mittlere Stück ohne Verkehr ist. Die Zahnraddampflok 504 für den gemischten Adhäsions- und Zahnradbetrieb ist bis heute Museumslok der FC, seit einem Schaden 2008 aber zur Reparatur in der Werkstatt in Cosenza abgestellt. Sie entstammt der Reihe **MCL 500**, einer Serie von sechs 1931/32 bei der Construzioni Elettro Meccaniche di Saronno (CEMSA) gebauten Loks der Bauart 1'Czz1' h2t (h4v) für die Mediterranea-Calabro-Lucane (MCL), die sie auf den Strecken Lagonegro – Spezzano Albanese und ab Catanzaro einsetzte. Die MCL 500 sind 9.670 Millimeter lang, haben ein Dienstgewicht von 47,5 t und rund 600 PS/440 kW Leistung. Erhalten sind neben der 504 die 502 (bis Juli 2023 zugewachsen abgestellt in Serrastretta-Carlopoli, neuer Standort nach Verlegung per Straßentransport bisher unbekannt), 503 (Denkmal am Bahnhof in Castrovillari) sowie 506 (Denkmal in der Città dei Ragazzi in Cosenza).

Ebenfalls um 950-mm-Schmalspurloks handelt es sich bei den Maschinen der **FS-Reihe R.370** der Bauart Cz n2t (n4v), die ab 1908 von der Construzioni Meccaniche di Saronno (Zweigwerk der Maschinenfabrik Esslingen) in 48 Exemplaren für die italienische Staatsbahn Ferrovie dello Stato (FS) für die Schmalspurbahnen auf Sizilien gebaut wurden. Die 7.687 Millimeter langen Maschinen haben eine Leistung von rund 400 PS/290 kW und wurden für den

Seitenansicht der Zahnraddampflok 981.008 im Juli 1974 in Cosenza.
Foto: Jürgen Nelkenbrecher, Archiv VGB

R.370.012 ist um 1960 auf der Bahnstrecke von Dittaino nach Caltagironeal im Herzen Siziliens unterwegs und rollt den Zahnstangenabschnitt hinab auf den Bahnhof Valguarnera zu.
Foto: Di Sconosciuto - Pubblico dominio,
https://commons.wikimedia.org/w/index.php?curid=124511200

kombinierten Adhäsions- und Zahnradbetrieb konstruiert. Sie orientierten sich an den HG 3/3 der Brünigbahn. Einst gab es auf Sizilien ein rund 800 Kilometer umfassendes Schmalspurnetz, wobei drei Strecken mit Zahnstangenabschnitten vom System Strub bei Steigungen bis 80 ‰ ausgestattet waren. Im Jahr 1932 waren die R.370 auf die Depots Piazza Armerina (16 Stück), Lercara (20 Stück) und Licata (12 Stück) verteilt und kamen auf den Strecken Caltagirone – Piazza Armerina – Dittaino, Dittaino – Assoro – Leonforte, Agrigento – Licata, Lercara – Filaga – Magazzolo sowie Filaga – Palazzo Adriano zum Einsatz. 1971 schieden die verbliebenen R.370 mit der Stilllegung der letzten Strecke mit Zahnstange auf Sizilien endgültig aus dem Betriebsdienst aus. Bei etlichen wurden bis dahin schon die Zahnradantriebe ausgebaut. Das betraf auch die 22 Maschinen, die zwischen 1939 und 1953 an die Ferrovie Meridionali Sarde (FMS) für die Führung von Kohlezügen ab Carbonia abgegeben wurden. Sechs Loks der Reihe R.370 sind heute noch erhalten: R.370.002 (Privatbesitz in Monterotondo in der Nähe von Rom), R.370.012 (seit 1985 Denkmal am Bhf. Catania Centrale auf Sizilien), R.370.018 (aufgestellt im Centro della Tradizioni Popolari in Città di Castello, Rückholung nach Sizilien geplant), R.370.023 (Ausstellungsstück im Museo Nazionale Ferroviario in Pietrarsa/Neapel) sowie R.370.024 (zunächst Denkmal in Klausen, seit 2009 vor dem Museo della Grande Guerra 1914-18 in Canove di Roana aufgestellt).

Für die beiden in Normalspur ausgeführten FS-Strecken Paola – Cosenza (Länge 36 km mit 12 km langem Zahnstangenabschnitt System Strub, bis zur Inbetriebnahme eines Basistunnels 1987 in Betrieb) sowie Cecina – Volterra (Länge 37,5 km mit einem 3,7 km langen Zahnstangenabschnitt System Strub, Strecke 1958 eingestellt) wurden von 1908 bis 1913 insgesamt zwölf Exemplare der Reihe **FS 980** von der SLM in Winterthur gebaut und als 980.001 bis 012 in Betrieb genommen. Die Loks der Bauart Cz n2t (n4v) mit dem kombinierten Adhäsions-/Zahnradsystem Winterthur wiegen 44,4 t und haben eine Leistung von rund 440 PS/325 kW. Vier Maschinen wurden in Pisa für die Strecke Cecina – Volterra beheimatet, die anderen acht in Cosenza. Die 980.002 blieb erhalten und steht im Museo Nazionale Ferroviario in Pietrarsa/Neapel ausgestellt.

Die **FS-Reihe 981** wurde 1922 von der Maschinenfabrik Breda in den Niederlanden unter Lizenz der SLM gebaut, ist mit 47,2 t etwas schwerer und mit rund 530 PS/390 kW auch stärker als die Reihe 980. Die Höchstgeschwindigkeit der Heißdampfloks liegt bei 40 km/h (Adhäsionsbetrieb) bzw. 15 km/h (Zahnradbetrieb). Die als 981.001 bis 008 bezeichneten Maschinen kamen alle nach Cosenza. Zur

Die Zahnraddampflok 981.005 ist im Juli 1974 mit einem Zug auf der Strecke Paola – Cosenza im Einsatz. Foto: Jürgen Nelkenbrecher, Archiv VGB

981.005 ist am 14.4.1992 mit einem Sonderzug im Adhäsionsabschnitt bei Castiglione auf der Bahnstrecke Paola – Cosenza unterwegs. Foto: Hans Scherpenhuizen, Sammlung Guus Ferree

Beschleunigung des Betriebes wurden schon ab 1937 Triebwagen eingesetzt. Mit ihnen ließ sich die Fahrzeit Paola – Cosenza von 2,5 Stunden (Dampfbetrieb mit Reihe 981) auf reichlich eine Stunde verkürzen. Dennoch blieb den Dampfloks neben vereinzelten Dienst- und Güterzügen bis zum Fahrplanwechsel im Sommer 1981 noch das tägliche Zugpaar 8988/8985 mit Kurswagen Cosenza – Rom. Hier soll ein Parlamentsmitglied seine Finger im Spiel gehabt haben, um eine umsteigefreie Verbindung in die italienische Hauptstadt zur Verfügung zu haben. Nach Entfall der Kurswagenverbindung wurden nur noch zwei Loks für Dienst- und Sonderfahrten vorgehalten. Im Rahmen einer Sonderfahrt befuhr mit 981.005 am 14.4.1992 letztmalig ein Dampfzug die Bahnstrecke Paola – Cosenza, der reguläre Verkehr wurde bereits mit Eröffnung des Basistunnels 1987 eingestellt. Insgesamt fünf Loks blieben erhalten: 981.001 (Museo Ferroviario Piemontese in Savigliano), 981.004 (Denkmal vor dem Freizeitzentrum Dopolavoro Ferroviario in Paola), 981.005 (hinterstellt in der Trenitalia-Werkstatt Foligno), 981.007 (Privatbesitz Bugognoli, hinterstellt in Corinaldo) sowie 981.008 (Museo Ferroviario Treni Storici in Pistoia). Die 981.006 war noch viele Jahre zuerst in Cosenza abgestellt und als Denkmal vorgesehen, wurde aber im Februar 2019 in Pistoia verschrottet.

Österreich

Einzige erhaltene Lok der ehemaligen **Gaisbergbahn** von Salzburg-Parsch auf den Gaisberg in 1274 m ü. A. (in Betrieb von 1887 bis 1928, 1.000 mm, System Riggenbach, 5,23 km lang) ist die Lok 1 aus dem Jahre 1886. Die ersten drei Exemplare mit der Bauart 2zz n2t lieferte die Maschinenfabrik Emil Keßler aus Esslingen in den Jahren 1886 bis 1888. Jeweils eine weitere Lok folgte 1888 aus Esslingen sowie von der Wiener Lokomotivfabrik Floridsdorf, nun als 2z n2t. Auch die anderen drei Loks wurden daraufhin 1889/90 zu 2z n2t-Maschinen umgebaut. Die Lok 1 gehört dem Technischen Museum in Wien, war viele Jahre im Südbahnmuseum Mürzzuschlag ausgestellt und kehrte 2016 als Leihgabe in das Salzburger Freilichtmuseum Großgmain in ihre alte Heimat zurück.

Legendär bei Eisenbahnfotografen, die schon in den 1970er-Jahren auf Foto-Tour waren, ist die normalspurige **Erzbergbahn**. Die Strecke in der Obersteiermark führte von Leoben über Vordernberg (768 m ü. A.) bis zum höchsten Punkt der Strecke bei Präbichl (1204 m ü. A.) und wieder talwärts vorbei am Erzberg über den Bahnhof Erzberg (1070 m ü. A.), Eisenerz (692 m ü. A.) bis nach Hieflau und wurde in mehreren Teilabschnitten bis 1891 eröffnet. Insgesamt 14,5 Kilometer des 19,7 Kilometer langen Bergabschnittes zwischen Vordernberg und Eisenerz waren mit Zahnstangen des Systems Abt ausgestattet und wiesen Steigungen bis zu 71 ‰ auf. Die Bahn diente vor allem der Abfuhr der am Erzberg geförderten Bodenschätze zu den Hochöfen in Leoben-Donawitz, aber auch Richtung Norden nach Linz. Meist wurden die leeren Erzzüge in Vordernberg übernommen und mit Zug- und Schublok zum Beladen zum Bahnhof Erzberg gefahren. Anschließend wurde der erste beladene Halbzug bis Präbichl gebracht. Die Loks fuhren dann leer zum Bahnhof Erzberg zurück, um den zweiten Zugteil abzuholen. In Präbichl wurden beide Zugteile vereinigt und dann talwärts abgefahren. Bereits ab 1961 wurden erste Zahnraddiesel-loks für die Tschechoslowakei getestet und ein Baumuster (2085.01) auch auf der Erzbergbahn eingesetzt. Der Traktionswechsel erfolgte im Reiseverkehr ab 1971 (bis Vordernberg Markt) bzw. ab 1974 auf der Gesamtstrecke durch für den Steilstreckeneinsatz umgerüstete Uerdinger Schienenbusse der Reihe 5081.500. Im Erzverkehr gab es 1971 sowie 1976 Probefahrten mit Dieselloks der Reihe 2043 und 2143. Die Erkenntnisse mündeten in Umbauten zur Unterreihe 2043.5, die ab 1978 den Erzverkehr im Adhäsionsbetrieb übernahm. Am 12. April 1978 fuhr der letzte dampfbespannte Erzzug und gleichzeitig endete der reguläre Zahnradbetrieb. Die Zahnstange wurde bis Oktober 1980 im Zuge von Bauarbeiten sukzessive entfernt.

Von der ehemaligen Zahnradbahn auf den Salzburger Gaisberg ist Lok 1 erhaltengeblieben und hat hier im Mai 2016 ihr neues Domizil im Salzburger Freilichtmuseum gerade erst bezogen.
Foto: Technisches Museum Wien/ Salzburger Freilichtmuseum

Ein Leerzug mit 97.205 an der Zugspitze verlässt den Bahnhof Vordernberg in Richtung Erzberg. Foto: Jürgen Nelkenbrecher, Archiv VGB

Links: Ein Leerzug ist mit 97.205 an der Zugspitze und einer weiteren 97 als Schiebelok auf Bergfahrt zwischen Vordernberg Markt und Glaslbremse. Foto: Jürgen Nelkenbrecher, Archiv VGB

1988 wurde der Erztransport auf dem Bergabschnitt eingestellt, seit 1990 finden hier aber Museumsfahrten mit Schienenbussen statt. Die Bergstrecke gehört inzwischen dem Verein Erzbergbahn.

Für den Einsatz auf der Bahn wurden von der Localbahn Eisenerz-Vordernberg (Unternehmen der Österreichischen Alpine Montangesellschaft) bzw. nach der Verstatlichung der Erzbergbahn 1893 von den kaiserlich-königlichen österreichischen Staatsbahnen (kkStB) von 1890 bis 1908 bei der Wiener Lokomotivfabrik Floridsdorf insgesamt 18 Zahnraddampfloks der Bauart Czz1' n2(4)t beschafft, die eine Länge von 10.580 Millimetern, ein Gewicht von 59 t sowie eine Leistung von rund 420 PS/310 kW hatten. Die Höchstgeschwindigkeit lag bei 30 km/h (Adhäsionsbetrieb) bzw. 20 km/h (Zahnradbetrieb ab 1920, zuvor 12 km/h). Die Grenzlast im Abschnitt Erzberg – Präbichl betrug 140 t. Die Maschinen hatten zwei Außenzylinder für den Adhäsionsantrieb. Zwei innenliegende Zylinder mit einer Neigung von 1:3,6 trieben die beiden im Zahnradwagen angeordneten Zahnräder an. Beide Triebwerke arbeiteten mit Frischdampf und waren mit einer Heusinger-Steuerung versehen. Sie wurden als **kkStB 69** (69.01 bis 69.18) bzw. später bei der ÖBB als Reihe 97.2 bezeichnet. Im Laufe ihrer langen Einsatzzeit erfuhren sie zahlreiche Veränderungen. Am auffälligsten war die Verlängerung der Wasserkästen und der Aufsatz für den Kohlebunker auf dem Führerhausdach, umgesetzt in den Jahren 1940 bis 1942. Fünf Lokomotiven erhielten ab 1956 Giesl-Ejektoren (97.203, 208,

Vom Erzbergbahn-Verein gepflegt präsentiert sich die 97.217 am Hauptplatz in Vordernberg Markt. Oberhalb des Schornsteins verläuft die Bahntrasse. Vielleicht träumt die Zahnraddampflok heute noch davon, die Berge wieder erklimmen zu können … Inzwischen sind allerdings die Zahnstangen entfernt. Museumsfahrten mit den Schienenbussen finden im reinen Adhäsionsbetrieb statt. Foto: Christian Jummrich

212, 215 und 217). Überwiegend blieben die Maschinen ihrer Heimatstrecke am Erzberg bis zum Ende der Dampflokzeit treu. Im Zweiten Weltkrieg fuhren ab 1944 vier Stück (97.210, 97.214, 97.216 und 97.218) wechselweise für kurze Zeit in Thüringen. Im Oertelsbruch in Lehesten wurde Schiefer abgebaut, der mit einer 2,6 Kilometer langen Anschlussbahn (davon 1,3 km mit Zahnstange vom System Abt) zum Bahnhof Lehesten und von dort weiter nach Ludwigsstadt an der Frankenwaldbahn transportiert wurde. Da im Oertelsbruch auch Prüfstände für Waffen errichtet wurden, ordnete man die Erzbergbahnloks für die Bespannung der Rüstungszüge ab. Bei Kriegsende waren 97.216 und 97.218 in Lehesten im Einsatz. 97.216 gehörte buchmäßig zum Bw Pressig-Rothenkirchen (Rbd Nürnberg), wurde zum 10.12.1946 ausgemustert und später verschrottet. 97.218 gehörte ab 1945 zum Bw Probstzella, wurde am 25.01.1951 ausgemustert und im RAW Meiningen verschrottet. Zwei weitere Maschinen, 97.206 und 97.214, wurden 1956 an das Eisenwerk Ozd in Ungarn abgegeben und dort bis 1964 eingesetzt. Alle anderen fuhren bis zum Ende der Dampflokzeit auf der Erzbergbahn. Heute sind noch vier Exemplare erhalten: 97.201 gehört dem Technischen Museum Wien und steht als Leihgabe dem Verein Erzbergbahn zur Verfügung. Einzelne Komponenten, u. a. das Zahnradtriebwerk, sind im Museum in Vordernberg Markt zu besichtigen und bieten interessante Einblicke in die Technik der Maschine. Die Lok selbst ist vor dem Heizhaus in Vordernberg zu finden. 97.203 kam als Denkmal erst nach St. Pölten und später nach Großpetersdorf. Vor einigen Jahren wurde sie allerdings verschrottet. 97.208 der ÖBB ist seit 1979 im Eisenbahnmuseum Strasshof, mit neuer Hauptuntersuchung seit 2021 wieder betriebsfähig, wenn auch mit ausgebautem Zahnradantrieb. Weitere Informationen: *www.eisenbahnmuseum-heizhaus.com/de*.

Vollständig erhalten ist die 97.210, die 1979 im Eisenbahnmuseum Darmstadt-Kranichstein eine neue Heimat gefunden hat. 97.217 wurde 1980 am Hauptplatz in Vordernberg als Denkmal aufgestellt.

97.203 befährt im Jahre 1973 mit einem Personenzug den Ramsaubachviadukt. Mit rund 100 Metern Länge und 32 Metern Höhe ist es das höchste Brückenbauwerk der Erzbergbahn.
Foto: Gunter Kuschy, Sammlung Guus Ferree

*Sonne, Schnee und die dampfgeführten Erzzüge waren die Zutaten für eindrucksvolle Erlebnisse: Im Jahre 1973 steht 97.207 als Zuglok in Präbichl vor einem beladenen Erzzug zur Talfahrt bereit.
Foto: Gunter Kuschy, Sammlung Guus Ferree*

*97 301 steht im Oktober 1942 im Bahnhof Vordernberg für die nächste Fahrt zum Erzberg bereit.
Foto: Carl Bellingrodt, Sammlung Guus Ferree*

Als 197.301 am 30.9.1977 oberhalb von Vordernberg Markt an einem leeren Erzzug als Schiebelok die Zuglok 2085.01 unterstützt, ist das Ende des Dampfbetriebes schon absehbar und die beiden Traktionsarten teilen sich die Aufgaben. Foto: Jürgen Nelkenbrecher, Archiv VGB

Zur Verstärkung für die Reihe 69 wurden 1912 von der Wiener Lokomotivfabrik Floridsdorf drei Maschinen der **kkStB-Reihe 269** der Bauart Fzz n2(4)t geliefert, die mit rund 605 PS/442 kW deutlich leistungsfähiger waren. Sie hatten eine Länge von 12.455 Millimetern, ein Dienstgewicht von 88 t und wurden vom kkStB-Chefkonstrukteur Karl Gölsdorf entwickelt. Die vierte Achse war die Treibachse. Die erste, fünfte und sechste Achse waren seitenverschiebbar. Die sechste Achse hatte sogar 52 Millimeter Spiel nach beiden Seiten, wozu die Kuppelstangen zwischen der fünften und sechsten Achse mit Gelenkköpfen versehen waren. Die Höchstgeschwindigkeit lag bei 30 km/h (Adhäsionsbetrieb) bzw. 20 km/h (Zahnradbetrieb), die Grenzlast im Abschnitt Erzberg – Präbichl bei 220 t. Ab 1938 wurden die Lokomotiven als 97 301 bis 303 bezeichnet. 1953 bekamen sie noch einmal neue Nummern (197.301 bis 303) sowie Giesl-Ejektoren. Sie liefen bis zum Ende der Dampflokzeit am Erzberg. 197.301 ist erhaltengeblieben. Sie gehört dem Technischen Museum Wien und ist seit 1979 im Eisenbahnmuseum Strasshof hinterstellt. Bis 2003 war sie betriebsfähig. 197.302 und 303 wurden 1975 bzw. 1977 durch die ÖBB ausgemustert und verschrottet.

Letzte Dampflokreihe für die Erzbergbahn war die schon von der Deutschen Reichsbahn entwickelte Baureihe 97.4. 1942 wurden zwei Loks der Bauart 1'Fzz1' h2(4)t mit 14.800 Millimetern Länge, 125 t Gewicht und einer dreifachen Leistung im Vergleich zur Reihe 69 (300 t Maximallast im Abschnitt Eisenerz – Präbichl) gebaut. Die sechsfach gekuppelten Loks hatten zwei seitenverschiebare Kuppelachsen, einen Radsatz mit geschwächtem Spurkranz und zwei Adamsachsen. Damit ließen sich noch 180-Meter-Bögen durchfahren. Die Höchstgeschwindigkeit lag bei 30 km/h (Adhäsionsbetrieb) bzw. 25 km/h (Zahnradbetrieb). Bei den ÖBB trugen die Loks zuletzt die Nummern 297.401 und 402. Die Maschinen waren die stärksten Zahnraddampfloks der Welt, konnten technisch aber nicht überzeugen. Für sie mussten vor der Inbetriebnahme der Oberbau und die Zahnstangen verstärkt werden. Schon bei ersten Probefahrten zeigten sich ein hoher Verschleiß und ein unruhiger Lauf. Bereits 1943 gab es nach ersten Probefahrten starke Schäden an der Aufhängung des Zahnradwagens von 297 401. Auch 297 402 wies Beschädigungen auf. Erst 1948 wurden beide Loks wieder hergerichtet, 297.402 aber bereits 1949 als Ersatzteilspender abgestellt. 297.401 erhielt 1958 einen Giesl-Ejektor und war bis 1964 im Einsatz. Die offizielle Ausmusterung beider Loks erfolgte 1968. 297.401 ist erhalten und steht seit 1976 als Denkmal in Vordernberg.

ERHALTENE ZAHNRADDAMPFLOKOMOTIVEN

Die gewaltige 297.401 steht heute als Denkmal am Bahnhof Vordernberg Markt. Was muss das einst für ein Spektakel gewesen sein, wenn sich die sechsfach gekuppelte Lok mit den Erzwagen den Zahnstangenabschnitt bergauf gekämpft hat. Foto: Christian Jummrich

Vorige Doppelseite: 97 401 wurde auf dieser historischen Aufnahme im Bahnhof Vordernberg porträtiert. Das Bild muss um 1942 herum entstanden sein. Die Lok ist erst frisch ausgeliefert an den Erzberg gekommen. Foto: Carl Bellingrodt, Sammlung Guus Ferree

Rechts oben: 297.401 ist am 24.8.1961 mit einem beladenen Erzzug auf Talfahrt in Richtung Vordernberg bei Präbichl zu sehen. Foto: Dipl.-Ing. Josef Seng

Rechts unten: Im Heizhaus in Vordernberg hat der Erzbergbahn-Verein sein Domizil. Davor steht die 97.201. Sie gehört dem Technischen Museum Wien. Einzelne Komponenten, u. a. das Zahnradtriebwerk, sind im Museum in Vordernberg Markt zu besichtigen. Foto: Christian Jummrich

Sechs der sieben TIVc sind erhalten. 40.005 steht seit dem Ende der Dampflokzeit im Depot in Subcetate und rostet vor sich hin. Foto: Coco13cos - Eigenes Werk, CC BY-SA 3.0,
https://commons.wikimedia.org/w/index.php?curid=7526045

Rumänien

Im heutigen Rumänien lag die 76,93 Kilometer lange Normalspurbahn Caransebeș – Boușari – Subcetate, die im Abschnitt Boușari – Sarmizegetusa mit einem 5,28 Kilometer langen Zahnstangenabschnitt vom System Abt ausgestattet war. Heute ist von der Strecke nur ein kurzes Stück für den Güterverkehr erhalten, der Zahnstangenabschnitt hingegen seit 1978 stillgelegt. Der Betrieb wurde bis dahin ausschließlich mit sieben Dampfloks der Bauart 1'Dzz1' n2(4)t für den gemischten Zahnrad- und Adhäsionsbetrieb abgewickelt. Die 11.376 Millimeter langen Maschinen mit einem Dienstgewicht von 48 t besaßen ein Außentriebwerk für den Adhäsionsbetrieb sowie ein davon unabhängiges Zahnradtriebwerk innerhalb des Lokrahmens. Beide Triebwerke arbeiteten mit Frischdampf und wurden mittels einer Heusinger-Steuerung angesteuert. Die vierfach gekuppelten Dampfloks hatten vorn und hinten jeweils eine Adams-Nachlaufachse. Die Maschinen wurden 1908 von der Wiener Lokomotivfabrik Floridsdorf als Reihe TIVc für die ungarischen Staatsbahnen MÁV gebaut. Ab 1918 gehörte das Gebiet zu Rumänien und bei der rumänischen Staatsbahn CFR wurden sie als Reihe 40 mit den Nummern 40.001 bis 40.007 geführt.

Sechs Loks sind erhalten, nur 40.002 wurde 1994 verschrottet. Die Lokomotiven 40.003 und 40.006 wurden 2002 in die Slowakei verkauft. Letztere ist seit 2014 wieder betriebsfähig und wird auf der Strecke Tisovec – Zbojská für Sonderfahrten eingesetzt (siehe Kap. 7). Die anderen vier Loks verblieben in Rumänien: 40.001 steht im Bw Petroșani, 40.004 im Eisenbahnmuseum Sibiu, 40.005 noch immer im Bw Subcetate und 40.007 vor dem Depot in Dej Triaj als Denkmal.

Schweiz

Von den zahlreichen Zahnradbahnen der Schweiz sind neben den im Kapitel 6 beschriebenen Lokomotiven weitere interessante Fahrzeuge erhalten:

Die erste Dampflok der Welt für den gemischten Zahnrad- und Adhäsionsbetrieb war eine kleine zweiachsige für die **Steinbruchbahn Ostermundigen** bei Bern. Für die 1,4 Kilometer lange Normalspurstrecke mit einem 480 Meter langen Zahnstangenabschnitt vom System Riggenbach baute die Werkstatt der Schweizerischen Centralbahn in Olten 1871 die Lok Nr. 1 „Gnom". 1876 folgte eine zweite, die den Namen „Elfe" bekam. Nach der Einstellung des Betriebs im Jahre 1902 kamen beide als Rangierloks zur

Firma von Roll nach Rondez bzw. Gerlafingen und versahen bis 1942 ihren Dienst. Beide blieben erhalten. Der „Gnom" stand von 1979 bis 2000 als Denkmal vor der Hauptwerkstatt der SBB in Olten und ist seit 2002 betriebsfähig restauriert im Verkehrshaus in Luzern zu sehen (weitere Informationen: www.verkehrshaus.ch). Die Lok „Elfe" erinnert seit 1976 als Denkmallok in Ostermundigen an die Steinbruchbahn.

Von Alpnachstad auf den Pilatus verkehrt seit 1889 mit 4,62 Kilometern Länge auf 800-Millimeter-Spurweite die **Pilatusbahn**, die mit Steigungen von bis zu 480 ‰ als steilste Zahnradbahn der Welt gilt und nach dem System Locher betrieben wird. Seit 1937 wird die Bahn elektrisch befahren, von den alten Dampftriebwagen sind aber noch zwei erhalten. SLM lieferte 1886 bis 1889 und 1900 sowie 1909 insgesamt elf als Bhm 1/2 bezeichnete Fahrzeuge (Betriebsnummern 1 bis 11). Diese rund 13,2 t schweren und 10.300 Millimeter langen Dampftriebwagen der Bauart 2z n2t boten 32 Sitzplätze und hatten rund 73 PS/54 kW Leistung. Der Führerstand mit querliegendem Dampfkessel befand sich auf der Talseite. Nr. 9 und 10 wurden 1937 nach der Elektrifizierung nicht verschrottet. Nr. 9 wurde noch bis zum Frühjahr 1981 als Bahndienstfahrzeug genutzt und vor allem zur Schneeräumung sowie beim Ab- bzw. Aufbau der Fahrleitung in den lawinengefährdeten Bereichen eingesetzt. Er trug in dieser Zeit die Bezeichnung Xhd 1/2 9 und war mit einem hölzernen Arbeitsaufbau versehen. Letzte Einsätze hat es im Frühjahr 1981 gegeben, bevor die Dienste ab dem Winter 1981/82 von einem neuen dieselelektrischen Fahrzeug übernommen wurden. Seit 1982 ist das Fahrzeug im Verkehrshaus Luzern nun wiederum mit seinem hölzernen Personenwagenkasten ausgestattet. Nr. 10 wurde nach 1937 weiter als Reservefahrzeug, für Sonder- und für bestellte Fahrten genutzt. Bis Mitte der 1960er-Jahre soll es noch solche Fahrten gegeben haben. Nach mehrjähriger Abstellzeit kam der Triebwagen 1976 in das Deutsche Museum in München und wird dort dem Publikum präsentiert.

Auf der Zahnradstrecke **Rorschach – Heiden** am Bodensee (7,1 km Gesamtlänge, davon 5,6 km Zahnstange System Riggenbach, im Regelverkehr mit Triebwagen der Appenzeller Bahn befahren) kam viele Jahre die **Dampflok „Rosa"** der Eurovapor regelmäßig zum Einsatz. Die Eh 2/2 (Bauart Bz h2t, Dienstgewicht rund 30 t, Länge rund 7.500 mm)

Lok 1 „Gnom" der Steinbruchbahn Ostermundigen steht heute als Ausstellungsstück im Verkehrshaus Luzern. (Aufnahme von 2007), Foto: Andrew Bossi - Own work, CC BY-SA 2.5,
https://commons.wikimedia.org/w/index.php?curid=4074135

Dampftriebwagen Bhm 1/2 9 wurde nach dem Ausscheiden als Arbeitsfahrzeug 1981 wieder mit dem blauen Personenwagenkasten versehen. Bevor er als Ausstellungsstück in das Verkehrshaus Luzern gekommen ist, konnte er noch einmal für eine Fotofahrt genutzt werden. Im November 1981 ist der Dampftriebwagen unterhalb der Eselswand auf Bergfahrt. Foto: Werner Hardmeier

Dampftriebwagen Nr. 9 wurde wie hier am 22.4.1981 viele Jahre als Arbeitstriebwagen zum Auf- und Abbau der Fahrleitung in den lawinengefährdeten Abschnitten genutzt. Foto: Werner Hardmeier

Seitenansicht der Dampflok „Rosa" am 28.4.2016 in Wienacht. Foto: Hansueli Kneuss, Sammlung EUROVAPOR

wurde 1951 von der SLM für die Maschinenfabrik Rüti AG gebaut, die über einen kurzen Zahnstangenabschnitt (1 km) vom System Riggenbach auf ihrer Werksbahn hinauf zum SBB-Bahnhof verfügte. 1997 kam „Rosa" zur Eurovapor und wurde seitdem an ausgewählten Sonntagen auf der Rorschach-Heiden-Bahn am Bodensee eingesetzt. Seit 2017 zwingt ein Kesselschaden die Maschine zur Pause. Eine Reparatur der Lok ist derzeit im Gange und eine Wiederaufnahme der Fahrten wird angestrebt. Weitere Informationen: www.eurovapor.ch

Von der Werksbahn der Maschinenfabrik Rüti AG ist neben „Rosa" eine weitere Dampflok betriebsfähig erhalten: Die **Eh 1/2 Nr. 1 „Caspar Honegger"** wurde 1876 von der Maschinenfabrik Aarau gebaut und war bis 1964 im

Lok 5 ist am 16.7.2016 auf der Schynige-Platte-Bahn im Einsatz. Foto: Thomas Küstner

Links oben: Dampflok „Caspar Honegger" neben der Dampflok E 3/3 8518 am 26.4.2014 ausgestellt in Winterthur. Foto: Thomas Stutz

Links unten: Dampflok „Rosa" am 4.12.2010 im Winter-Einsatz auf der Strecke Rorschach – Heiden. Foto: Georg Trüb

Einsatz. Anschließend wurde sie im Technorama in Winterthur ausgestellt und wurde bis 2014 von Serge Bourguinet wieder betriebsfähig aufgearbeitet. Sie ist in Seewen hinterstellt und wird hin und wieder bei Veranstaltungen in Betrieb gezeigt. Eine dritte Dampflok dieser Werksbahn stand lange Zeit als Denkmal im Kinderzoo Rapperswil. 2012 wurde sie wegen des schlechten Zustands verschrottet.

Die **Schynige-Platte-Bahn** führt seit 1893 von Wilderswil (584 m ü. M.) in der Nähe von Interlaken auf die Schynige Platte (1967 m ü. M.) mit einer tollen Aussicht und dem Botanischen Alpengarten als Attraktion. Die Strecke ist 7,26 Kilometer lang und wird mit den Zahnstangensystemen Riggenbach-Pauli und von Roll durch die Jungfraubahn Holding AG betrieben. Zum Einsatz kommen kleine historische Elektroloks, die aus den Jahren 1910 bis 1914 stammen. Erhalten ist die Dampflok Nr. 5, eine der sechs H 2/3 (Typ 1) der SLM aus der Originalausstattung. Die Lok der Bauart 2zz1' h2t ist 6.050 Millimeter lang, hat ein Dienstgewicht von 16,3 t und eine Leistung von rund 230 PS/170 kW. Sie wurde für Fahrleitungsarbeiten genutzt und beförderte hin und wieder an ausgewählten Tagen Dampfzüge. Seit 2018 ist die Lok aber wegen einer notwendigen Revision abgestellt, so dass derzeit keine Dampffahrten stattfinden. Weitere Informationen: *www.jungfrau.ch/de-ch/schynige-platte*

Lok 5 ist am 16.7.2016 auf der Schynige-Platte-Bahn bei der Talfahrt zurück nach Wilderswil zu sehen. Foto: Thomas Küstner

Spanien

In Spanien führte von 1892 bis 1957 eine Zahnradbahn mit 1.000 Millimetern Spurweite von Monistrol nach Montserrat zum berühmten Kloster Santa Maria de Montserrat inmitten abenteuerlicher Kulisse, betrieben von der Sociedad de Ferrocarriles de Montaña a Grandes Pendientes (F.M.G.P.). Die Strecke wurde nach der Einstellung komplett abgebaut, 2003 aber wiedererrichtet und wird heute mit modernen Triebwagen nach dem System Abt befahren. Eröffnet wurde die Strecke 1892 mit fünf Dampfloks von der Firma Cail aus Paris. Ab 1921 kamen drei H 2/3 hinzu, die von der SLM in Winterthur gebaut wurden. Die Lok 6 aus dem Jahr 1892 wurde gebraucht erworben. Sie war zunächst in Frankreich und dann als Baulok ab 1897 bei der Gornergratbahn in Zermatt im Einsatz. Die Loks 7 und 8 wurden neu nach Spanien geliefert. Erhalten geblieben sind vier Lokomotiven: Nr. 2 steht in einem Schmalspurbahnmuseum in La Pobla de Lillet in Katalonien, Nr. 4 ist seit 2016 in Monistrol im Montserrat Railway Museum zu finden, die Lok 6 hat einen Platz im Museum der Ribes-Nuria-Bahn in Ribes-Vila und die Lok 8, die ähnlich den späteren Loks der Snowdon Mountain Railway ausgeführt ist, steht als Denkmal in Parets de Valles.

Tschechien

In Tschechien ist die normalspurige Strecke von Liberec nach Kořenov im Abschnitt ab Tanvald auf rund 4,7 Kilometern mit zwei Zahnstangenabschnitten des Systems Abt ausgestattet. Für den Betrieb beschaffte die damalige Reichenberg-Gablonz-Tannwalder Eisenbahn (RGTE) 1901 drei Loks der Bauart Dzz1' n2(4)t. Später kamen die Loks in Staatsbahndienste, bei der Československé státní dráhy (ČSD) zuletzt als 404.001 bis 003 bezeichnet. 1962 wurden die Dampfloks durch neue Zahnraddiesselloks ersetzt. 404.003 blieb erhalten. Sie gehört dem Technischen Nationalmuseum Prag und steht inzwischen im Depot in Chomutov ausgestellt. Die Zahnradstrecke samt Zahnstange gibt es noch. Sie wird im Regelverkehr zwar im Adhäsionsbetrieb bedient, Sonderzüge mit den historischen Zahnraddiesselloks verkehren an besonderen Betriebstagen. In Kořenov ist ein Verein mit der Restaurierung des Lokdepots beschäftigt und sogar eine betriebsfähige Aufarbeitung von 404.003 ist im Gespräch.

Lok 2 „Monistrol" war auf der Zahnradbahn zum Kloster Montserrat bis 1957 im Einsatz. Heute steht sie im Schmalspurbahnmuseum in La Pobla de Lillet. (Aufnahme vom 15.7.2015), Foto: Thomas Kautzor

404.003 steht am 5.5.2019 ausgestellt im Lokomotivdepot Chomutov. Foto: Christian Jummrich

404.003 steht am 7.9.1990 im Bahnhof Kořenov ausgestellt. Angeschnitten ist im Hintergrund eine Diesellok der ČSD-Baureihe T 426.0 zu sehen. Die vier Loks dieser Reihe lösten 1962 die Dampfloks auf der Tannwalder Zahnradbahn ab. Foto: Gunter Kuschy, Sammlung Guus Ferree

9. Zahnradbahnen mit Dampflokeinsatz in Europa

Name	Strecke	Länge	System	Spurweite	Homepage	Umfang Dampfbetrieb/Bemerkungen
Griechenland						
Odontotos Zahnradbahn	Diakopto – Kalavrita	22,4 km	Adhäsion/ Abt	750 mm	www.odontotos.com /index-en.htm	kein regulärer Dampflokeinsatz, Dampffahrten mit Lok ΔK-8001 ab Kalavrita auf Bestellung möglich
Großbritannien						
Snowdon Mountain Railway	Llanberis – Summit	7,6 km	Abt	800 mm	www.snowdonrailway.co.uk	Dampfsaison von Mitte Juni bis Mitte September an Wochentagen zusätzlich zu den regulären Dieselzügen
Österreich						
Achenseebahn	Jenbach – Eben – Seespitz	6,8 km	Adhäsion/ Riggenbach	1.000 mm	www.achenseebahn.at	Saison von Ende April bis Oktober, reiner Dampfbetrieb mit mehreren Zugpaaren, Anzahl variiert je nach Saison, weitere Details siehe Text
Schafbergbahn	St. Wolfgang – Schafbergspitze	5,9 km	Abt	1.000 mm	www.salzburg-bahnen.at/de/schafbergbahn.html	Saison Ende April bis Anfang November ergänzt um Fahrtage vorher bzw. nachher nur bis zur Schafbergalpe, Einsatz der Neubaudampfloks SLM H 2/3 im Planverkehr bei hoher Nachfrage als Ergänzung zu Dieselloks, Einsatz der Originalloks der Reihe Z an ausgewählten Terminen
Schneebergbahn	Puchberg – Hochschneeberg	9,8 km	Abt	1.000 mm	www.schneebergbahn.at	Dampfzugpaar jeden zweiten Sonntag von Juni bis September als Ergänzung zum Regelbetrieb mit Dieseltriebzügen
Schweiz						
Brienz-Rothorn-Bahn	Brienz – Planalp – Rothorn Kulm	7,6 km	Abt	800 mm	www.brienz-rothorn-bahn.ch	Saison von Anfang Juni bis Ende Oktober, täglicher Dampflokbetrieb überwiegend mit ölgefeuerten SLM-Neubauloks, Einsatz der kohlegefeuerten Loks in der Hauptsaison Mittwoch + Samstag + weitere Termine
Brünig-Dampfbahn	Strecken ab Interlaken Ost, vor allem Brünigbahn	-	Adhäsion/ Riggenbach	1.000 mm	www.bruenig-dampfbahn.ch	Dampfzugsonderfahrten an ausgewählten Terminen ab Interlaken Ost bis Meiringen oder auch über den Zahnstangenabschnitt bis Giswil
Dampfbahn Furka Bergstrecke	Realp DFB – Furka – Gletsch – Oberwald DFB	17,8 km	Adhäsion/ Abt	1.000 mm	www.dfb.ch/de	Fahrsaison von Ende Juni bis Ende September, Fahrbetrieb Donnerstag bis Sonntag mit Dampfzügen, Dieselzugumlauf als Verstärkung
Ferrovia Monte Generoso	Capolago Lago – Generoso Vetta	9,0 km	Abt	800 mm	www.montegeneroso.ch/de/montegeneroso/bahn	Ein Dampfzugpaar zusätzlich zum Regelbetrieb an ausgewählten Terminen von Anfang Juni bis Anfang September, 2024 keine Nostalgiefahrten wegen Revision der Dampflok
Arth-Rigi-Bahn (ARB)	Arth-Goldau – Rigi Staffel – Rigi Kulm	8,6 km	Riggenbach	1.435 mm	www.rigi.ch/erleben/bergbahnen	Ganzjährig Dampfzugfahrten an ausgewählten Tagen ab Vitznau oder Arth-Goldau, Einsatz Lok 7 als Leihgabe des Verkehrshauses Luzern an ausgewählten Terminen von Mai bis September
Vitznau-Rigi-Bahn (VRB)	Vitznau – Rigi Staffel – Rigi Kulm	6,8 km	Riggenbach	1.435 mm		
Rosa-Dampfzug	Rorschach – Heiden	7,1 km	Adhäsion/ Riggenbach	1.435 mm	www.eurovapor.ch	Einsatz der Dampflok „Rosa" der Eurovapor an ausgewählten Tagen auf der im Regelverkehr von der Appenzeller Bahn betriebenen Strecke, Fahrten pausieren seit 2017 wegen Kesselschaden der Lok
Schynige-Platte-Bahn	Widerswil – Schynige Platte	7,3 km	Riggenbach-Pauli/ von Roll	800 mm	www.jungfrau.ch/de-ch/schynige-platte	Dampfzugeinsatz an ausgewählten Terminen, derzeit keine Fahrten wegen notwendiger Revision der Dampflok
Slowakei						
Bahnstrecke Podbrezová – Tisovec	Podbrezová – Tisovec	41,8 km	Adhäsion/ Abt	1.435 mmm	www.zubacka.sk	Strecke wird regulär nur im Adhäsionsbetrieb mit Triebwagen befahren, an ausgewählten Tagen im Sommerhalbjahr Sonderfahrten mit der Zahnraddampflok 4296 zwischen Tisovec und Zbojská

Stand: 4.2.2024

10. Erhaltene Zahnraddampflokomotiven in Europa

Land	letzte/aktuelle Bahnverwaltung	Nummer/ Name	Baureihe/ Klasse/Typ	Bauart	Spurweite	Hersteller	Baujahr	Fabr.-Nr.	betr.	(Name), Verbleib, Bemerkung
Bosnien und Herzegowina										
	JŽ	97-036	BHStB IIIc5/97	Czz2' n2(4)st	760 mm	WLF	1919	2556	-	Denkmal in Travnik
Deutschland										
	DB	97 501	97.5	Ez h2t (h4v)	1.435 mm	Maschinenfabrik Esslingen	1922	4056	x	Freunde der Zahnradbahn Honau – Lichtenstein, Reutlingen
	DB	97 502	97.5	Ez h2t (h4v)	1.435 mm	Maschinenfabrik Esslingen	1923	4057	-	DGEG, Eisenbahnmuseum Bochum-Dahlhausen
	DB	97 504	97.5	Ez h2t (h4v)	1.435 mm	Maschinenfabrik Esslingen	1925	4142	-	Deutsches Technikmuseum, Berlin
	Drachenfelsbahn	2 (Zweitbesetz.)	-	2zz1' h2t	1.000 mm	Maschinenfabrik Esslingen	1927	4185	-	Denkmal am Talbahnhof in Königswinter
	JŽ	97-019	BHStB IIIc5/97	Czz2' n2(4)st	760 mm	WLF	1908	1803	-	Deutsches Museum, Leihgabe an Lokwelt Freilassing
	ÖBB	97.210	kkStB 69/ BR 97.2	Czz1' n2(4)t	1.435 mm	WLF	1893	862	-	Eisenbahnmuseum Darmstadt-Kranichstein
	Pilatusbahn	10	Bhm 1/2	2z n2t	800 mm	SLM	1900	1309	-	Deutsches Museum, München
Frankreich										
	CM	6	H 2/3	2zz1' h2t	1.000 mm	SLM	1923	2873	-	Denkmallok in Mouxy
	CM	7	H 2/3	2zz1' h2t	1.000 mm	SLM	1926	3131	-	Chamonix
	CM	8	H 2/3	2zz1' h2t	1.000 mm	SLM	1927	3194	-	Denkmal an der Talstation in Chamonix
	Tramway du Mont-Blanc	2	-	Bz n4t	1.000 mm	SLM	1907	1839	-	„Horace Benedict de Saussure", Musee Paysan in Viuz-en-Sallaz
	Tramway du Mont-Blanc	3	-	Bz n4t	1.000 mm	SLM	1910	1990	-	„Mademoiselle d'Angeville", Denkmal an der Talstation in Saint Gervais-Le Fayet
	Tramway du Mont-Blanc	4	-	Bz n4t	1.000 mm	SLM	1910	1991	-	„Pierre Janssen", Musee de Tramways à Vapeur et des Chemin de Fer Secondaires Français in Valmondois
Griechenland										
	OSE	ΔK-8001	-	Cz1' n2(4)t	750 mm	Cail	1891	2343	x	stationiert in Kalavrita
	OSE	ΔK-8002	-	Cz1' n2(4)t	750 mm	Cail	1891	2344	-	abgestellt in Diakopto im Freien
	OSE	ΔK-8003	-	Cz1' n2(4)t	750 mm	Cail	1891	2345	-	Denkmal in Diakopto
	OSE	ΔK-8004	-	Cz1' n2(4)t	750 mm	Cail	1899	2518	-	ausgestellt im Griechischen Eisenbahnmuseum Piräus
	OSE	ΔK-8005	-	Cz1' n2(4)t	750 mm	SPAP-Werkstatt Piräus	1954	?	-	abgestellt in Diakopto im Freien
	OSE	ΔK-8011	-	Cz1' h2(4)t	750 mm	Krupp	1925	925	-	abgestellt in Diakopto im Freien
	SBB/Thessalische Eisenbahnen	1058	HG 3/3	Cz n2t (n4v)	1.000 mm	SLM	1908	1912	-	Thessalische Eisenbahnen, Volos, ohne Zahnradantrieb
Großbritannien										
	SMR	2	-	2zz1' h2t	800 mm	SLM	1895	924	-	„Enid", Llanberis
	SMR	3	-	2zz1' h2t	800 mm	SLM	1895	925	x	„Wyddfa", Llanberis
	SMR	4	-	2zz1' h2t	800 mm	SLM	1896	988	-	„Snowdon", Llanberis
	SMR	5	-	2zz1' h2t	800 mm	SLM	1896	989	x	„Moel Siabod", Llanberis
	SMR	6	-	2zz1' h2t	800 mm	SLM	1922	2838	x	„Padarn", Llanberis
	SMR	7	-	2zz1' h2t	800 mm	SLM	1923	2869	-	„Ralph", zerlegt eingelagert
	SMR	8	-	2zz1' h2t	800 mm	SLM	1923	2870	-	„Eryri", zerlegt eingelagert
Italien										
	FS	R.370.002	FS R.370	Cz n2t (n4v)	950 mm	CM Saronno	1908	322	-	Privatbesitz Nettunia Sud, hinterstellt in der Nähe von Rom
	FS	R.370.012	FS R.370	Cz n2t (n4v)	950 mm	CM Saronno	1915	522	-	Denkmal am Bahnhof Catania Centrale
	FS	R.370.018	FS R.370	Cz n2t (n4v)	950 mm	CM Saronno	1915	528	-	aufgestellt im Centro della Tradizioni Popolari in Città di Castello
	FS	R.370.023	FS R.370	Cz n2t (n4v)	950 mm	CM Saronno	1921	639	-	Ausstellungsstück im Museo Nazionale Ferroviario in Pietrarsa/Napoli
	FS	R.370.024	FS R.370	Cz n2t (n4v)	950 mm	CM Saronno	1921	640	-	aufgestellt vor dem Museo della Grande Guerra 1914-18 in Canove di Roana
	FS	980.002	FS 980	Cz n2t (n4v)	1.435 mm	SLM	1908	1898	-	Ausstellungsstück im Museo Nazionale Ferroviario in Pietrarsa/Napoli
	FS	981.001	FS 981	Cz h2t (h4v)	1.435 mm	Breda	1922	1911	-	Museo Ferroviario Piemontese in Savigliano
	FS	981.004	FS 981	Cz h2t (h4v)	1.435 mm	Breda	1922	1914	-	Denkmal vor dem Freizeitzentrum Dopolavoro Ferroviario in Paola
	FS	981.005	FS 981	Cz h2t (h4v)	1.435 mm	Breda	1922	1915	-	hinterstellt in Trenitalia-Werkstatt Foligno
	FS	981.007	FS 981	Cz h2t (h4v)	1.435 mm	Breda	1922	1917	-	Privatbesitz Bugognoli, hinterstellt in Corinaldo
	FS	981.008	FS 981	Cz h2t (h4v)	1.435 mm	Breda	1922	1918	-	Museo Ferroviario Treni Storici in Pistoia
	MCL/FCL/FC	502	MCL 500	1'Czz1' h2t (h4v)	950 mm	CEMSA	1931	966	-	abgestellt in Serrastretta-Carlopoli bis Juli 2023, neuer Standort bisher unbekannt

	MCL/FCL/FC	503	MCL 500	1'Czz1' h2t (h4v)	950 mm	CEMSA	1932	967	-	Denkmal am Bahnhof Castrovillari
	MCL/FCL/FC	504	MCL 500	1'Czz1' h2t (h4v)	950 mm	CEMSA	1932	968	-	Museumslok FC-Standort Cosenza, seit 2008 abgestellt
	MCL/FCL/FC	506	MCL 500	1'Czz1' h2t (h4v)	950 mm	CEMSA	1932	970	-	Denkmal in Città dei Ragazzi in Cosenza
Österreich										
	Achenseebahn	1	-	Bz n2t	1.000 mm	WLF	1889	701	x	„Theodor", Jenbach
	Achenseebahn	2	-	Bz n2t	1.000 mm	WLF	1889	702	x	„Hermann", Jenbach
	Achenseebahn	3	-	Bz n2t	1.000 mm	WLF	1889	703	x	„Georg", Jenbach
	Achenseebahn	4 (Zweitbesetz.)	-	Bz n2t	1.000 mm	eigene Werkstatt	2008	-	x	„Hannah", Jenbach, original Lok Nr. 4, 1955 verschrottet, Neubau bis 2008
	Gaisbergbahn	1	-	2z n2t	1.000 mm	Maschinenfabrik Esslingen	1886	2205	-	Technisches Museum Wien, seit 2016 Leihgabe an Salzburger Freilichtmuseum in Großgmain
	JŽ	97-029	BHStB IIIc5/97	Czz2' n2(4)st	760 mm	WLF	1914	2188	-	Technisches Museum Wien, hinterstellt beim Club 760 in Frojach
	NöSBB	Z1	Reihe Z	2zz1' n2t	1.000 mm	Krauss & Co.	1896	3400	-	„Kaiserstein", seit 2020 Denkmal am Bahnhof Puchberg
	NöSBB	Z2	Reihe Z	2zz1' n2t	1.000 mm	Krauss & Co.	1896	3401	x	„Klosterwappen", Puchberg
	NöSBB	Z3	Reihe Z	2zz1' n2t	1.000 mm	Krauss & Co.	1896	3402	-	„Waxriegel", Puchberg
	NöSBB	Z4	Reihe Z	2zz1' n2t	1.000 mm	Krauss & Co.	1898	3750	-	„Hengst", Puchberg
	NöSBB	Z5	Reihe Z	2zz1' n2t	1.000 mm	Krauss & Co.	1900	4215	x	„Puchberg", Puchberg
	ÖBB	97.201	kkStB 69/ BR 97.2	Czz1' n2(4)t	1.435 mm	WLF	1890	732	-	Technisches Museum Wien, Leihgabe an Verein Erzbergbahn, hinterstellt in Vordernberg, einzelne Komponenten im Museum im Bahnhof Vordernberg Markt ausgestellt
	ÖBB	97.208	kkStB 69/ BR 97.2	Czz1' n2(4)t	1.435 mm	WLF	1892	820	x	Eisenbahnmuseum Strasshof, Zahnradantrieb ausgebaut
	ÖBB	97.217	kkStB 69/ BR 97.2	Czz1' n2(4)t	1.435 mm	WLF	1908	1824	-	Verein Erzbergbahn, Denkmal Hauptplatz in Vordernberg
	ÖBB	197.301	kkStB 269	Fzz n2(4)t	1.435 mm	WLF	1912	2090	-	Eisenbahnmuseum Strasshof
	ÖBB	297.401	BR 97.4	1'Fzz1' h2(4)t	1.435 mm	WLF	1914	9100	-	Technisches Museum Wien, Denkmal am Bahnhof Vordernberg Markt
	Schafbergbahn	Z1	Reihe Z	2zz1' n2t	1.000 mm	Krauss & Co.	1893	2744	-	„Almrausch", St. Wolfgang
	Schafbergbahn	Z2	Reihe Z	2zz1' n2t	1.000 mm	Krauss & Co.	1893	2745	-	„Enzian", seit 2011 Denkmallok in Abersee
	Schafbergbahn	Z3	Reihe Z	2zz1' n2t	1.000 mm	Krauss & Co.	1893	2746	-	„Erika", seit 2007 in der Lokwelt Freilassing
	Schafbergbahn	Z4	Reihe Z	2zz1' n2t	1.000 mm	Krauss & Co.	1893	2823	x	„Bergprimel", St. Wolfgang
	ÖBB	999.105	Reihe Z	2zz1' n2t	1.000 mm	Krauss & Co.	1894	3032	-	„Almrausch II", Technisches Museum Wien, Standort Haringsee
	Schafbergbahn	Z6	Reihe Z	2zz1' n2t	1.000 mm	Krauss & Co.	1894	3033	x	„Berganemone", St. Wolfgang
	Schafbergbahn	Z11	SLM H 2/3	2zz1' h2t	1.000 mm	SLM	1992	5424	x	St. Wolfgang
	Schafbergbahn	Z12	SLM H 2/3	2zz1' h2t	1.000 mm	SLM	1995	5686	x	St. Wolfgang
	Schafbergbahn	Z13	SLM H 2/3	2zz1' h2t	1.000 mm	SLM	1995	5687	x	St. Wolfgang
	Schafbergbahn	Z14	SLM H 2/3	2zz1' h2t	1.000 mm	SLM	1995	5688	x	St. Wolfgang
Rumänien										
	CFR	40.001	MÁV TIVc/40	1'Dzz1' n2(4)t	1.435 mm	WLF	1908	1782	-	Bw Petroşani
	CFR	40.004	MÁV TIVc/40	1'Dzz1' n2(4)t	1.435 mm	WLF	1908	1785	-	Eisenbahnmuseum Sibiu
	CFR	40.005	MÁV TIVc/40	1'Dzz1' n2(4)t	1.435 mm	WLF	1908	1786	-	Bw Subcetate
	CFR	40.007	MÁV TIVc/40	1'Dzz1' n2(4)t	1.435 mm	WLF	1908	1788	-	Denkmallok vor dem Depot in Dej Triaj
Schweiz										
	BRB	1 (Zweitbesetz.)	H 2/3 Typ 1	2zz1' h2t	800 mm	SLM	1891	722	/	seit 1962 Brienz, ex. Lok 7 Monte-Generoso-Bahn
	BRB	2	H 2/3 Typ 1	2zz1' h2t	800 mm	SLM	1891	689	x	Brienz
	BRB	3	H 2/3 Typ 1	2zz1' h2t	800 mm	SLM	1892	719	-	Ausstellung als Leihgabe im Verkehrshaus der Schweiz, Luzern
	BRB	4	H 2/3 Typ 1	2zz1' h2t	800 mm	SLM	1892	720	-	Brienz
	BRB	5	H 2/3 Typ 1	2zz1' h2t	800 mm	SLM	1891	690	x	seit 1912 Brienz, ex. Wengernalpbahn
	BRB	6	H 2/3	2zz1' h2t	800 mm	SLM	1933	3567	x	Brienz
	BRB	7	H 2/3	2zz1' h2t	800 mm	SLM	1936	3611	x	Brienz
	BRB	12	SLM H 2/3	2zz1' h2t	800 mm	SLM	1992	5456	x	Brienz
	BRB	14	SLM H 2/3	2zz1' h2t	800 mm	SLM	1996	5689	x	Brienz
	BRB	15	SLM H 2/3	2zz1' h2t	800 mm	SLM	1996	5690	x	Brienz
	BRB	16	SLM H 2/3	2zz1' h2t	800 mm	SLM	1992	5457	x	Brienz
	BVZ/DFB	6	HG 2/3	Bzz1' h2(4)t	1.000 mm	SLM	1902	1410	x	„Weisshorn", Realp
	BVZ/DFB	7	HG 2/3	Bzz1' h2(4)t	1.000 mm	SLM	1906	1725	-	„Breithorn", abgestellt in Gletsch, Ölfeuerung
	DFB	1	HG 3/4	1'Czz h2t (h4v)	1.000 mm	SLM	1913	2315	A	„Furkahorn", Aufarbeitung in Werkstatt Unzwil

	DFB	(2)	HG 3/4	1'Czz h2t (h4v)	1.000 mm	SLM	1913	2316	-	nur noch Überreste (Rahmen, Zylinderblock, Radsätze) zur DFB
	FO	3	HG 3/4	1'Czz h2t (h4v)	1.000 mm	SLM	1913	2317	x	seit 1969 Museumsbahn Blonay - Chamby
	FO/DFB	4	HG 3/4	1'Czz h2t (h4v)	1.000 mm	SLM	1913	2318	x	Realp
	DFB	(8)	HG 3/4	1'Czz h2t (h4v)	1.000 mm	SLM	1914	2418	-	nur noch Überreste (Rahmen, Zylinderblock, Radsätze) zur DFB
	DFB	9	HG 3/4	1'Czz h2t (h4v)	1.000 mm	SLM	1914	2419	x	„Gletschhorn", Realp
	DFB	704	HG 4/4	Dzz h2t (h4v)	1.000 mm	SLM	1924	2940	x	Realp
	DFB	708	HG 4/4	Dzz h2t (h4v)	1.000 mm	SLM	1930	3413	x	Realp
	Ferrovia Monte Generoso	2	H 2/3 Typ 1	2zz1' n2t	800 mm	SLM	1890	604	A	Capolago, derzeit in Aufarbeitung in Goldau
	Jungfraubahn Holding AG	5	H 2/3 Typ 1	2zz1' h2t	800 mm	SLM	1894	881	-	Widerswil
	Maschinenfabrik Rüti AG	1 „Caspar Honegger"	Eh 1/2	Bz n2t	1.435 mm	Maschinenfabrik Aarau	1876	11	x	seit 2011 in Seewen SZ, Privatbesitz
	Maschinenfabrik Rüti AG	3 „Rosa"	Eh 2/2	Bz n2t	1.435 mm	SLM	1951	4046	A	Eurovapor, Lokremise in Sulgen, Reparatur wegen Kesselschaden
	Pilatusbahn	9	Bhm 1/2	2z h2t	800 mm	SLM	1889	563	-	Verkehrshaus der Schweiz, Luzern
	SBB	1063	HG 3/3	Cz n2t (n4v)	1.000 mm	SLM	1909	1993	-	teilweise aufgeschnitten als Ausstellungsstück im Verkehrshaus der Schweiz, Luzern
	SBB	1067	HG 3/3	Cz n2t (n4v)	1.000 mm	SLM	1910	2083	-	Brünig-Dampfbahn, Interlaken Ost
	SBB	1068	HG 3/3	Cz n2t (n4v)	1.000 mm	SLM	1926	3134	x	Brünig-Dampfbahn, Interlaken Ost
	Steinbruchbahn Ostermundigen	1 „Gnom"	H 1/2	Bz n2t	1.435 mm	Werkstatt der Schweizerischen Centralbahn Olten	1870	20	x	Verkehrshaus der Schweiz, Luzern
	Steinbruchbahn Ostermundigen	2 „Elfe"	H 1/2	Bz n2t	1.435 mm	Int. Gesellschaft für Bergbahnen Aarau	1876	12	-	Denkmal in Ostermundigen
	VRB	7	H 1/2	2z n2t	1.435 mm	SLM	1873	1	x	Verkehrshaus der Schweiz, Luzern, derzeit verliehen für Einsatz auf den Rigi-Bahnen
	VRB/Rigi-Bahnen AG	16	H 2/3	2zz1' h2t	1.435 mm	SLM	1923	2871	x	Vitznau
	VRB/Rigi-Bahnen AG	17	H 2/3	2zz1' h2t	1.435 mm	SLM	1925	3043	x	Vitznau
Slowakei										
	CFR/ ŽSR	40.003	MÁV TIVc/40	1'Dzz1' n2(4)t	1.435 mm	WLF	1908	1784	-	Vrútky
	CFR/ ŽSR	4296 (40.006)	MÁV TIVc/40	1'Dzz1' n2(4)t	1.435 mm	WLF	1908	1787	A	Tisovec
Slowenien										
	JŽ	97-028	BHStB IIIc5/97	Czz2' n2(4)st	760 mm	WLF	1913	2149	-	Eisenbahnmuseum Ljubljana
Spanien										
	F.M.G.P.	2	-	2zz1' n2t	1.000 mm	Cail	1892	2353	-	„Monistrol", Schmalspurbahnmuseum in La Pobla de Lillet
	F.M.G.P.	4	-	2zz1' n2t	1.000 mm	Cail	1892	2355	-	„Victor Balaguer", Montserrat Eisenbahnmuseum, Monistrol
	F.M.G.P.	6	H 2/3 Typ 1	2zz1' n2t	1.000 mm	SLM	1892	748	-	„Julian Fuchs", Museum der Ribes-Nuria-Bahn, Ribes-Vila
	F.M.G.P.	8	H 2/3	2zz1' h2t	1.000 mm	SLM	1923	2872	-	„Conde des Lavern", Denkmal in Parets de Valles
Tschechien										
	ČSD	404.003	404.0	Dzz1' n2(4)t	1.435 mm	WLF	1901	1472	-	Technisches Nationalmuseum in Prag, Standort Depot Chomutov

Zeichenerklärung:

x = betriebsfähig
- = nicht betriebsfähig
A = vorübergehend nicht betriebsfähig, in Aufarbeitung

Stand: 4.2.2024

Abkürzungsverzeichnis

ARB	Arth-Rigi-Bahn
BFD	Brig-Furka-Disentis-Bahn
BHStB	Bosnisch-Herzegowinische Staatsbahnen
BR	Baureihe
BRB	Brienz-Rothorn-Bahn
CEMSA	Construzioni Elettro Meccaniche di Saronno
CFR	Căile Ferate Române (Rumänische Staatsbahnen)
CM	Chemin de fer du Montenvers
CM Saronno	Construzioni Meccaniche Saronno
ČSD	Československé státní dráhy (Tschechoslowakische Staatsbahn)
DB	Deutsche Bundesbahn
DFB	Dampfbahn Furka-Bergstrecke AG
DGEG	Deutsche Gesellschaft für Eisenbahngeschichte e. V.
DLM	Dampflokomotiv- und Maschinenfabrik AG
F.M.G.P.	Sociedad de Ferrocarriles de Montaña a Grandes Pendientes
FC	Ferrovie della Calabria
FCL	Ferrovie Calabro Lucane
FO	Furka-Oberalp-Bahn
FS	Ferrovie dello Stato (Italienische Staatsbahn)
FMS	Ferrovie Meridionali Sarde
Hanomag	Hannoversche Maschinenbau AG
HBE	Halberstadt-Blankenburger Eisenbahn
JŽ	Jugoslovenske Železnice (Jugoslawische Staatsbahn)
kkStB	k.k. Staatsbahnen (ehem. Österreich-Ungarn)
MÁV	Magyar Államvasutak (Ungarische Staatsbahn)
MCL	Mediterranea-Calabro-Lucane
MGB	Matterhorn-Gotthard-Bahn
MTGN	Chemin de fer Montreux-Territet-Glion-Rochers-de-Naye
NöSBB	Niederösterreichische Schneebergbahn GmbH
NÖVOG	Niederösterreichische Verkehrsorganisationsgesellschaft m. b. H.
ÖBB	Österreichische Bundesbahnen
ÖGEG	Österreichische Gesellschaft für Eisenbahngeschichte
OSE	Organismos Sididromon Ellados (Griechische Staatsbahn) bzw. bis 1973 Sidirodromoi Ellinikou Kratos (SEK)
PLC	Public Limited Company
RGTE	Reichenberg-Gablonz-Tannwalder Eisenbahn
SBB	Schweizerische Bundesbahnen
SKGB	Salzkammergutbahn GmbH
SKGLB	Salzkammergut-Lokalbahn
SLM	Schweizerische Lokomotiv- und Maschinenfabrik AG
SMR	Snowdon Mountain Railway
SPAP	Sidirodromi Pireos-Athinon-Peleponnissou Bahngesellschaft
VRB	Vitznau-Rigi-Bahn
WLF	Wiener Lokomotivfabrik Floridsdorf
ŽSR	Železnice Slovenskej republiky (Slowakische Staatsbahn)

Quellen (Auszug)

- Asmus, C., Stockklausner, J.: Volldampf auf der Erzbergbahn, Sonderausgabe I/85 des Eisenbahn Journal, Fürstenfeldbruck 1985
- Fischer, H., Jossi, U., Moser, B.: Reiseabenteuer am Rhonegletscher - Dampfbahn Furka-Bergstrecke, erschienen in der Reihe EK-Themen als Nr. 45, Freiburg im Breisgau 2010
- Inderst, M., Riedel, C.: Wo dampft es noch?, München 2016
- Lehmann, R.: Dampflok-Sonderbauarten, Berlin 1985
- o.V.: Artikel zur Steinbruchbahn Ostermundigen, https://eisenbahn-amateur.ch/2021/10/23/neues-buch-die-steinbruchbahn-ostermundigen [Zugriff am 03.02.2022]
- o. V.: Homepage Achenseebahn, https://www.achenseebahn.at [Zugriff am 18.01.2022]
- o.V.: Homepage der Arbeitsgemeinschaft Rübelandbahn, http://www.arbeitsgemeinschaft-ruebelandbahn.de [Zugriff am 03.02.2022]
- o. V.: Homepage Brünig-Dampfbahn, https://bruenig-dampfbahn.ch [Zugriff am 01.12.2022]
- o.V.: Homepage Bahnzauber-Europa, http://www.bahnzauber-europa.at/eisenba_32.htm 04.02.22 [Zugriff am 03.02.2022]
- o. V.: Homepage Brienz-Rothorn-Bahn, https://brienz-rothorn-bahn.ch [Zugriff am 29.01.2022]
- o.V.: Homepage dampflok.at, https://www.dampflok.at [Zugriff am 03.02.2022]
- o. V.: Homepage DLM, https://dlm-ag.ch [Zugriff am 20.01.2022]
- o. V.: Homepage DFB, https://www.dfb.ch [Zugriff am 29.01.2022]
- o. V.: Homepage Eisenbahnmuseum Strasshof, https://eisenbahnmuseum-heizhaus.com/de [Zugriff am 28.02.2022]
- o. V.: Homepage Eurovapor zur Dampflok „Rosa", https://www.eurovapor.ch/fahrzeuge/zahnrad-dampflok-rosa [Zugriff am 29.01.2022]
- o. V.: Homepage Inselbahnen.de, https://www.inselbahn.de/index.php?nav=1400927&lang=1&id=13646&action=portrait [Zugriff 08.12.2022]
- o. V.: Homepage International Steam mit Artikeln zu Griechenland, Italien, Spanien und weiteren, https://www.internationalsteam.co.uk/trains/greece05.htm, https://www.internationalsteam.co.uk/trains/alps01.htm, https://www.internationalsteam.co.uk/trains/spain05.htm, https://www.internationalsteam.co.uk/trains/italy19.htm [Zugriff am 06.02.2022]
- o. V.: Homepage Monte-Generoso-Bahn, https://www.montegeneroso.ch/de/monte-generoso/bahn [Zugriff am 30.01.2022]
- o. V.: Homepage Odontotos-Bahn, https://www.odontotos.com/index-en.htm [Zugriff am 30.01.2022]
- o. V.: Homepage Rigi-Bahnen, https://www.rigi.ch/erleben/bergbahnen [Zugriff am 30.01.2022]
- o. V.: Rollmaterialverzeichnis der BRB, https://docplayer.org/26011842-Rollmaterialverzeichnis-der-brb.html [Zugriff am 29.01.2022]
- o. V.: Homepage Schafbergbahn, https://www.salzburg-bahnen.at/de/schafbergbahn.html [Zugriff am 20.01.2022]
- o. V.: Homepage schmalspurbahn.at, http://www.schmalspur-europa.at/schmalsp_17.htm 24.01.22 [Zugriff am 30.01.2022]
- o. V.: Homepage Schynige-Platte-Bahn, https://www.jungfrau.ch/de-ch/schynige-platte [Zugriff am 30.01.2022]
- o. V.: Homepage Snowdon Mountain Railway, https://snowdonrailway.co.uk [Zugriff am 10.01.2022]
- o.V.: Homepage steamlocomotives.info, www.steamlocomotive.info [Zugriff am 08.02.2022]
- o. V.: Homepage Verkehrshaus Luzern, https://www.verkehrshaus.ch/ [Zugriff am 30.01.2022]
- o. V.: Homepage zahnradbahn.de, www.zahnradbahn.de [Zugriff am 13.02.2022]
- o.V.: Homepage zur Slowenischen Zahnradbahn, https://www.zubacka.sk [Zugriff am 03.02.2022]
- o. V.: verschiedene Wikipedia-Artikel zu den verschiedenen Bahnstrecken, Bahngesellschaften und Lokomotivbaureihen sowie zu Zahnradbahnen
- Schönborn, H.-B.: Schmalspurbahnen in Griechenland - Peloponnes und Thessalien, Willisau 1997
- Seifert, C.: Zahnradbahnen der Welt, Stuttgart 2020

Lok 4 ist am 2.10.2014 mit dem letzten Zug des Tages und nur einem Wagen zwischen Eben und Maurach auf der Flachstrecke unterwegs. Foto: Christian Jummrich

Impressum

Verantwortlich: Andreas Ritz
Grafische Gestaltung/Bildbearbeitung: Kurt Heidbreder
Lektorat: Dr. Karlheinz Haucke
Herstellung: Vanessa Brunner

Coverentwurf: Kaj Ritter
Printed in Poland by CGS Printing

ISBN 978-3-96453-656-3

Titel
Wunderschöne Aussichten auf die Schweizer Bergwelt und den Brienzer See bietet die Zahnradbahn auf das Rothorn. Den Blick können am 19.7.2016 auch die Fahrgäste genießen, die von der Neubaudampflok Nummer 16 talwärts befördert werden.
Foto: mauritius images/Patrick Frischknecht/imageBROKER

Rücktitel
Lok 4 der Achenseebahn ist am 11.7.2019 auf Bergfahrt durch Jenbach und hat erst vor zwei Minuten den Bahnhof verlassen und sich in die Zahnstange eingeklinkt.
Foto: Christian Jummrich